나를 잃지 않고 우울증을 앓는
가족과 함께 살아가기 위한 안내서

엄마는 괜찮을 줄 알았어

지민아 지음

YoungJin.com Y.
영진닷컴

엄마는 괜찮을 줄 알았어

나를 잃지 않고 우울증을 앓는
가족과 함께 살아가기 위한 안내서

ISBN 978-89-314-6755-0

독자님의 의견을 받습니다.

이 책을 구입한 독자님은 영진닷컴의 가장 중요한 비평가이자 조언가입니다. 저희 책의 장점과 문제점이 무엇인지, 어떤 책이 출판되기를 바라는지, 책을 더욱 알차게 꾸밀 수 있는 아이디어가 있으면 팩스나 이메일, 또는 우편으로 연락주시기 바랍니다. 의견을 주실 때에는 책 제목 및 독자님의 성함과 연락처(전화번호나 이메일)를 꼭 남겨 주시기 바랍니다. 독자님의 의견에 대해 바로 답변을 드리고, 또 독자님의 의견을 다음 책에 충분히 반영하도록 늘 노력하겠습니다.

이메일 | support@youngjin.com

주소 | (우)08507 서울시 금천구 가산디지털1로 128 STX-V타워 4층 401호 (주)영진닷컴 기획1팀

https://www.youngjin.com/

파본이나 잘못된 도서는 구입하신 곳에서 교환해 드립니다.

STAFF

저자 지민아 | **총괄** 김태경 | **기획·진행** 차바울 | **표지·내지 디자인** 강민정

영업 박준용, 임용수, 김도현 | **마케팅** 이승희, 김근주, 조민영, 김도연, 김민지, 김진희, 이현아

제작 황장협 | **인쇄** 예림인쇄

정신건강의학과 전문의로 근무하며,
수많은 환자와 그 가족들,
심지어는 지인들로부터 자주 받은 질문이 있습니다.

"우울증이 있는 가족을 어떻게 병원에 데려갈 수 있을까요?" 저로서도 그
질문에는 명쾌한 답변을 줄 수 없었습니다. 치료를 원할 때도 내원하기가
쉽지 않은 정신건강의학과 진료실을 치료를 원하지 않는 다른 누군가가 오
도록 만드는 건 정말 어려운 일이기 때문입니다.

어느 날, 이 고민이 저의 가족에게도 찾아왔습니다. 저희 어머니 역시 심각
한 우울증을 겪고 있음에도 불구하고 여러 가지 이유로 치료에 대해 큰 거부
감을 가지고 있었고 오랜 기간 치료를 받지 못하셨습니다. 단순히 "병원에
한번 같이 가보자"라는 말로는 결코 설득할 수 없었고 정신건강의학과 전문
의임에도 불구하고 무력감을 크게 느꼈습니다.

이러한 저의 경험은 이 책을 쓰게 된 큰 동기가 되었습니다. 단순히 전문가
로서의 조언을 전달하고 싶은 마음보다는, 같은 고민을 가진 이들과 함께
고민하고, 함께 나누고 싶은 마음에서였습니다.

본 책에서는 우리 가족, 특히 중년 부모들이 겪을 수 있는 정신 건강 문제에
대해 조금 더 알아보고자 했습니다. 또한, 가족을 진료실로 안내하는 방법
과 그 과정에서 발생할 수 있는 갈등을 어떻게 해결할 수 있을지에 대해 전
문의이자 우울증을 겪는 부모의 한 자녀로서 이야기해보고자 합니다.

이 책이 막막한 누군가의 첫걸음에 조금이나마
도움을 줄 수 있기를 바랍니다.

지민아

| 목차 |

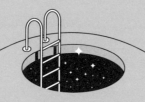

먼저
우울증이란 병을
알아봅시다

Chapter 1

우울증의 정의와 증상

우리가 흔히 말하는 우울증의 정식 진단명은 주요우울장애입니다. 우울증은 2주 이상 거의 매일 우울한 기분을 느끼거나 일상에 대한 흥미와 의욕 상실로 인해 평소보다 일상생활이 어려워집니다. 대부분이 삶에 대한 에너지 상실을 호소하고 늘 하던 업무 완수에 어려움을 느끼며 새로운 것을 시작할 동기부여를 받지 못합니다.

Q&A 간혹 우울감을 느끼긴 하는데, 이게 우울증인지 어떻게 알 수 있나요?

우울증은 단순한 우울감과는 다릅니다. 우울감은 잠시 내리는 비랄까요? 우산을 쓰거나 피해 있으면 대개 짧은 시간 뒤에 비는 멈추고 다시 햇살이 돌아옵니다. 이처럼 우울감은 일상의 한 부분으로 인해 누구나 간혹 느끼게 되는 감정이며 스스로 회복이 가능합니다. 반면 우울증은 장기간 계속되는 장마와 같습니다. 계속되는 폭우는 출퇴근, 주차, 침수 문제 등과 같이 일상생활에 큰 제약을 주게 되죠. 이처럼 조치가 필요한 상태입니다.

우울증의 다양한 모습

우울증이라면 온종일 눈물을 흘리며 우울한 기분을 느끼는 병이라 생각하십니다. 그런 경우도 분명 있지만, 환자분 중 50% 정도는 우울감이 있느지 잘 모르겠다고 답하시며 제3자가 보기에도 특별히 슬프거나 우울해 보이지 않을 수 있습니다. 되려 우울감이나 슬픔이 아닌 공허감, 무력감, 무가치감, 절망감, 죄책감, 분노 등의 다른 감정을 느끼거나 어떠한 감정도 못 느끼곤 합니다. 그러면서도 전반적으로 평소보다 활동량이 줄어들고, 단체모임 등 사회적 관계에서도 위축되는 경우가 많습니다.

같은 주요우울장애 진단을 받아도, 말하고 행동하는 속도가 느려지며 대부분의 시간을 잠만 자다가 식사량도 늘어 체중이 증가하는 우울증이 있는가 하면, 긴장감과 초조함으로 안절부절못하고 밤새 잠 못 이루며 식욕도 감소해 체중이 급격히 감소하는 우울증도 있습니다. 이 외에도 우울감을 호소하지 않지만 신체증상이 두드러지는 우울증, 짜증과 과민성이 두드러지는 우울증 등 아주 다양합니다. 이런 상태에 있더라도 친구에게 기다렸던 연락을 받거나, 퇴근하는 순간이라든지, 웃긴 영상을 볼 때면 일시적으로 기분이 나아질 수 있습니다. 반면 어떠한 외부 사건에도 기분의 반응성이 없는 우울증도 있으니 단면적 부분만 보고서는 우울증인지 판단할 수 없습니다.

│ 나는 우울증일까?

아래는 PHQ-9이라는 우울증 선별 도구입니다. 지난 2주 동안 다음과 같은 문제를 얼마나 자주 겪었는지 해당란을 체크하시면 됩니다.

우울증 선별도구 PHQ-9: Patient Health Questionnaire-9				
지난 2주 동안	없음	2,3일 이상	7일 이상	거의 매일
① 기분이 가라앉거나, 우울하거나, 희망이 없다고 느꼈다.	0	1	2	3
② 평소 하던 일에 대한 흥미가 없어지거나 즐거움을 느끼지 못했다.	0	1	2	3
③ 잠들기가 어렵거나 자주 깼다/혹은 너무 많이 잤다.	0	1	2	3
④ 평소보다 식욕이 줄었다/혹은 평소보다 많이 먹었다.	0	1	2	3
⑤ 다른 사람들이 눈치 챌 정도로 평소보다 말과 행동이 느려졌다/혹은 너무 안절부절못해서 가만히 앉아있을 수 없었다.	0	1	2	3
⑥ 피곤하고 기운이 없었다.	0	1	2	3
⑦ 내가 잘못했거나, 실패했다는 생각이 들었다/혹은 자신과 가족을 실망시켰다고 생각했다.	0	1	2	3
⑧ 신문을 읽거나 TV를 보는 것과 같은 일상적인 일에도 집중할 수가 없었다.	0	1	2	3
⑨ 차라리 죽는 것이 더 낫겠다고 생각했다/혹은 자해할 생각을 했다.	0	1	2	3

총점

0-4점 우울 아님 / 5-9점 가벼운 우울
10-19점 중간 정도의 우울(치료 요함) / 20-27 심한 우울(적극적 치료 요함)

이것은 우울증 선별 도구이지 진단 도구는 아닙니다. '나는 우울증이 맞는지 진료를 받아볼 필요가 있을까?'의 목적으로 선별 검사 결과를 받아들일 수 있습니다. 여기에서 총점이 10점 이상이 나오거나 9번 항목에서 1점 이상이 나온다면 정확한 진단을 받기 위한 진료가 필요할 수 있습니다.

우울증의 원인

우울증은 단 하나의 원인으로 생기는 게 아닙니다. 우울증이 뇌에 있는 신경전달물질의 변화로 발병한다는 이야기를 들어보신 적이 있으실 텐데요. 특히 세로토닌, 노르에피네프린, 도파민이 우울증의 발생에 중요한 신경전달물질입니다. 이 외에도 시상하부-뇌하수체-부신축의 활성 증가, 사이토카인 변화, 전두엽 피질이나 해마의 위축 등의 생물학적 이상이 우울증과 연관되어 있다고 많은 연구에서 밝혀졌습니다. 한마디로 우울증은 뇌에 이상이 생겨 발생하는 것입니다.

우리가 스트레스를 받으면 뇌에 여러 가지 생물학적 변화가 일어나며 이는 우울증으로 이어질 수 있습니다. 그러나 같은 스트레스 환경에 처한 모든 사람이 동일하게 우울증을 경험하는 것은 아닙니다. 그 이유는 무엇일까요?

이는 우울증에 대한 취약성이 사람마다 다르기 때문입니다. 이 취약성을 결정하는 데는 유전적 요인이 큰 역할을 합니다. 동일한 스트레스 사건을 겪었음에도 주요 우울증에 대한 유전적 위험성이 높은 사람은 훨씬 더 높은 확률로 우울증을 경험합니다. 유전적 요인 외에도 과거 학대를 당하거나 부모로부터 버림 받는 등 어린 시절의 외상 경험이 영향을 줄 수 있습니다.

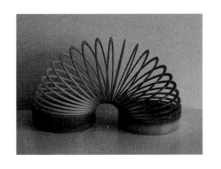

적절한 힘을 받은 용수철은 일정 길이로 늘어나고, 그 탄력성 덕분에 원래의 모양으로 돌아갑니다. 마찬가지로 적절한 스트레스도 우리의 뇌 신경회로를 일시적으로 활성화시키지만, 스트레스가 사라지면 원래의 상태로 회복합니다. 하지만 과도한 힘이 오랜 기간 용수철에 가해지면 상황은 달라집니다. 용수철은 탄력성을 잃고 원래의 길이보다 더 길게 늘어나게 되며 약한 힘에도 쉽게 늘어나게 됩니다. 이러한 상황은 우리가 지속적으로 과도한 스트레스를 겪었을 때의 반응과 매우 유사합니다. 우리 뇌의 신경회로는 복원력을 잃게 되고, 미래의 위험에 대비하기 위해 적은 스트레스에도 민감하게 반응하게 됩니다. 이러한 민감한 반응은 우울증과 같은 심각한 증상을 유발할 수도 있습니다.

"왜 그렇게 민감하게 반응해? 참 예민하네."

이런 말을 주변에서 자주 들었다면, 그게 당신의 잘못만은 아닙니다. 단순히 마음이 약하거나 기질이 예민해서가 아니라, 과거에 겪었던 어떤 외상이나 스트레스로 인해 뇌의 신경회로가 민감하게 작동했을 수 있습니다. 우리 뇌의 반응은 의지로 조절할 수 있는 것이 아니며, 이는 미래의 위험에 대비하기 위한 뇌의 준비 과정일 뿐입니다.

스트레스에 대한 반응도 개인마다 다르며 여러 요인에 의해 결정됩니다. 같은 스트레스 상황에 놓여도 어떤 사람은 경미하게 받아들이는가 하면, 어떤 사람에게는 강한 의식적 혹은 무의식적인 의미를 가질 수 있습니다. 같은 사건을 겪어도, 그 사건에 대한 개인적인 해석과 중요도는 사람마다 다릅니다.

특히 스트레스의 내용이 자신의 정체성과 관련 있다면 우울증의 유발이 더욱 쉽습니다. 예를 들어 대인관계를 통해 자신의 가치를 인식하는 사람은 중요한 관계를 잃었을 때 우울증이 발생하기 쉽습니다. 반면 자신의 가치를 극복과 성취에 묶는 사람은 학업이나 직장에서의 실패가 우울증을 촉발하기 쉽습니다.

같은 생리적 변화를 겪는 여성들 사이에서도 이런 차이가 존재합니다. 중년 여성이 폐경을 경험할 때 어떤 여성은 여성성의 상실이 자신의 정체성에 큰 영향을 미쳐 깊은 우울감을 느낄 수 있지만, 월경이 번거로웠던 한 달의 이벤트일 뿐이었던 사람은 해방감을 느낄 수 있습니다.

따라서 우울증은 유전적 취약성, 외부 스트레스 노출, 스트레스 반응성 등 복합적인 요인의 상호작용으로 발생합니다. 매우 복합적인 상호작용이기 때문에 우울증의 발생을 단순히 '내 탓'이나 '남 탓'으로 돌릴 수는 없습니다.

| 유전적 요인이 우울증 발생에 주요하다고요? 유전되는 건가요?

우울증은 일부 유전적 요인으로 발생할 수 있지만, 이게 반드시 유전된다는 것을 의미하진 않습니다. 여러 연구에서 우울증 가족력이 있는 경우에는 우울증 발병 위험이 2-3배 높다고 알려져 있습니다. 쌍생아 유전역학 연구를 통해서는 우울증의 발생 원인 중 약 40%가 유전적 요인에 의해 결정될 수 있다고 밝혀졌습니다.

그러나 부모가 우울증을 갖고 있다고 해도 자녀가 반드시 우울증을 겪는 건 아닙니다. 특정 유전자나 염색체의 돌연변이로 발생하는 헌팅턴병 같은 유전 질환과는 달리, 우울증은 단일 유전자에 의해 발생하는 것이 아닐뿐더러 취약한 유전적 요인을 갖고 있어도 반드시 발생하는 것을 의미하지 않기 때문입니다. 유전적 요인이 없는 사람도 외부 환경이나 신체 질환, 호르몬 변화 등으로 우울증을 경험할 수 있습니다.

말과 태도 및 표정 등으로 알 수 있는 우울증 신호들

우울증을 가진 사람들은 말과 태도, 표정에서도 그 증상을 나타낼 수 있습니다. 말의 속도가 느려지거나 목소리가 작아지는 경우, 질문에 대한 반응이 느리거나 단답형으로만 대답하는 경우가 있습니다. 이는 생각을 떠올리는 것이 어려워지거나 대답할 에너지가 없어지는 증상 때문일 수 있습니다. 또한 초조해 보이며 손가락을 꼼지락거리거나 손톱을 물어뜯거나 다리를 떨기도 합니다. 고개를 푹 숙이고 구부정한 자세로 위축되어 보이기도 하며 바닥을 쳐다보고 있어 눈맞춤이 잘 되지 않는 경우가 많습니다. 대화 중에 주의력이 떨어져 상대방의 말을 잊거나 이야기를 하다가도 중간에 멈추는 경우도 있습니다.

우울증에서 흔히 나타나는 두 가지 표정은 Omega sign과 Veraguth's sign입니다. Omega sign은 이마의 가로 주름과 미간의 세로 주름이 만나는 형태를, Veraguth's sign은 눈가에서 위 그리고 안쪽으로 이어지는 대각선의 눈두덩이 주름을 나타냅니다. 우울증을 가진 사람이 자주 짓게 되는 찡그린 표정으로 인해 나타나는 주름입니다. 그러나 단지 우울증을 의심하게 하는 신호일 뿐이며 정확한 진단을 위해서는 전문적인 의료진의 진료가 필요합니다.

▲ Omega sign(하양)과 Veraguth's sign(초록)

Chapter 2

중년 우울증의 특징

중년기는 많은 변화와 상실을 동반합니다. 특히 중년 남성들은 직장에서의 역할이 줄어들며 가장으로서 이전보다 인정 받지 못하기도 합니다. 자녀 양육을 주로 담당해오던 중년 여성의 경우 자녀의 독립으로 인해 부모 역할의 변화와 상실감을 크게 느낄 수 있습니다. 또한 신체적으로도 노화가 급격히 일어나고 여기저기 아픈 곳이 급증하는 시기이기도 합니다. 신체적으로도, 사회적 역할로도 자신이 점점 노화되고 약해지고 있다는 것을 체감하는 시기로 이런 변화 속에서 자신의 존재 가치를 의심하고 우울감을 느낄 수 있습니다.

중년기의 호르몬 변화도 우울증 발병에 영향을 줄 수 있습니다. 남성의 경우 40대 이후부터 테스토스테론이 점차 감소하며, 이는 세로토닌 분비의 감소와 연관되어 우울증을 유발할 수 있습니다. 여성은 갱년기에 에스트로겐이 감소하는데, 이 역시 세로토닌의 조절에 관여하므로 우울증 발병 위험을 높일 수 있습니다. 그러나 갱년기라고 해서 모두 우울증을 경험하는 것은 아니며, 우울증 가족력이 있거나 과거 우울증을 겪었던 사람들이 갱년기에 스트레스를 마주하면 더 쉽게 우울증이 발생할 수 있습니다.

중년 남성 우울증

　우리의 감정은 주로 1차 감정과 2차 감정으로 나눌 수 있습니다. 1차 감정은 특정 상황이나 사건에 대한 직접적인 반응으로 우리가 무서운 야생동물을 만났을 때 생각할 틈도 없이 두려움이 드는 것, 좋아하는 사람이 말을 걸었을 때 기쁨이 느껴지는 것, 사랑하는 사람이 떠났을 때 슬픔이 드는 것과 같이 자연스럽게 발생합니다. 반면에 2차 감정은 1차 감정에 대한 반응으로, 우리의 생각이나 판단을 거치며 발생합니다. 예를 들면 슬픔을 느끼는 것에 대한 부끄러움, 두려움을 느끼는 것에 대한 불안, 두려움을 느끼는 것에 대한 분노 등이 여기에 해당합니다. 이러한 2차 감정은 어린 시절의 환경이나 주변 분위기 등의 영향을 받습니다. 예를 들면 어렸을 때부터 '남자는 살면서 세 번만 운다'는 이야기를 듣고 자랐다면 울고 싶을 만큼 슬픔을 느낄 때마다 수치감이 들었을 수 있으며 슬퍼마땅한 일이 일어나도 자연스럽게 슬퍼하지 못하고 수치감을 느낍니다.

　중년 남성들은 종종 '강해야 한다' '약점을 보여선 안 된다'는 사회적 기대로 인해 우울감이 있어도 이를 부인하거나 우울감으로 인식하지 못할 수 있습니다. '우울하다'고 느끼는 순간 무너질 것 같은 불안감에 음주, 흡연 혹은 일에 과도하게 몰두하며 이를 외면하기도 합니다. 하지만 억눌러진 우울감은 분노나 짜증으로 터져 나오거나 신체증상으로 표출되며 실제로 신체증상이 나타난 뒤에야 병원을 찾는 경우도 많습니다.

　이러한 상황들이 중년 남성들의 우울증을 알아채기 어렵게 만들어 진단과 치료를 늦추고 주변 사람들로부터 이해나 도움을 받기 어렵게 만들기도 합니다. 중년 남성들의 우울증을 알아채고 치료하기 위해서는 그들이 우울증을 드러내는 방식에 대한 이해가 필요합니다. 그들이 분노나 짜증, 피로감 등의 감정을 표현할 때, 이것이 우울증의 가능성을 시사할 수 있다는 점을 인지하는 것이 중요합니다.

| 표현을 안 하는 것이 아닌, 못 하는 중년 남성들

중년 남성들은 단순히 감정을 표현하지 않는 게 아니라 표현하지 못하기도 합니다. 그들은 '어려움이 있어도 혼자 해결해야 한다'는 것을 그들의 아버지를 통해 암묵적으로 배우기도 했고, 혼자 해결하지 못한다는 게 미숙한 것으로 느껴져 감정 표현하기가 더 힘이 듭니다. 막상 표현하려고 해도 감정 표현에 서툴러서 어색하고 막막하기도 합니다. 이러한 것들이 중년 남성들이 힘들 때 도움을 거절하게 만들기도 합니다.

마치 아기가 배고픔이나 불쾌함을 울음으로만 표현할 수 있는 것처럼, 감정을 말로 표현해보지 못한 중년 남성들은 자신의 감정을 짜증이나 분노, 침묵으로 표현하는 것이 익숙합니다. 이런 행동은 주변 사람들을 괴롭히려는 의도가 아니라, 자신들의 감정을 표현하는 유일한 방법일 수 있습니다.

하지만 이러한 감정 표현의 어려움은 중년 남성들의 우울증을 더 위험하게 만듭니다. 방치된 우울증은 자살의 가능성을 높이며 특히 50대 이상의 남성에서 심각한 문제로 나타납니다. 2020년에는 50대의 자살자 수가 가장 많았고 남성의 자살률은 여성보다 2.2배 높았습니다. 이처럼 중년 남성들의 우울증은 위험합니다.

중년 남성 우울증의 특징

☑ 우울감을 인지하지 못함

☑ 평소 즐기던 활동이나 성생활에 대한 무관심

☑ 직업 능률 저하

☑ 술, 담배, 일, 운동으로 도피

☑ 가족 및 친구들과의 대인 관계 회피

☑ 두통, 근육통 등의 다양한 신체증상

☑ 자살 위험 증가

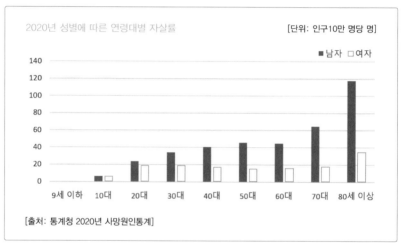

2020년 성별에 따른 연령대별 자살률   [단위: 인구10만 명당 명]

■ 남자 □ 여자

[출처: 통계청 2020년 사망원인통계]

▲ 2022 자살 예방백서 보건복지부, 한국생명존중희망재단

중년 여성 우울증

중년 여성은 일반적으로 45-55세 사이에 갱년기를 맞이하며 에스트로겐이 감소하여 얼굴 화끈거림, 야간 발한, 불면 등 다양한 신체증상을 경험하게 됩니다. 이러한 호르몬 변화가 신경전달물질에 영향을 주어 우울증에 더 취약하게 만들 수 있습니다. 갱년기 우울증의 증상은 우울감, 무

기력감, 의욕 감소, 불면, 기억력 감퇴 등으로 일반적인 우울증과 크게 다르지 않으나, 소화가 잘 안 되거나 가슴이 답답하고 치밀어 오르는 증상, 몸 여기저기가 아프고 쑤시거나 기존의 통증이 심해지는 등 신체증상이 동반되는 경우가 많습니다.

이 시기에 있는 여성들은 종종 '빈 둥지 증후군(Empty Nest Syndrome)'을 겪습니다. 말 그대로 자녀가 독립하여 떠난 뒤 집이 빈 둥지처럼 느껴진다는 뜻으로 자녀의 독립 후 부모나 양육자가 경험하는 슬픔과 상실감을 뜻합니다. 여성이 주 양육자의 역할을 맡아온 경우가 많으므로 중년 남성보다는 여성에게서 흔하게 나타납니다.

> 여성인 H 씨는 54세의 주부로, 두 자녀가 최근 대학을 졸업하고 독립했습니다. 그동안 H 씨는 자녀의 성장과 교육에 많은 시간과 에너지를 쏟아 부었고, 자녀가 떠난 뒤 집이 조용해지자 외로움을 느낍니다. H 씨는 남편과 자녀 이야기만 주로 나누었었는데, 둘 사이의 대화 소재도 점점 줄어들어 외로움이 커져만 갔습니다. H 씨는 과거에 자녀 양육을 위해 직장을 그만둔 것에 대해 후회가 들었으며, 빈 집에 남아 집안일을 보는 것만으로는 허전하고 계속해서 공허감이 느껴졌습니다.

자녀에게 시간과 에너지를 많이 쏟아 부은 만큼 자녀가 떠난 후의 상실감은 훨씬 큽니다. 무언가를 시도해보려고 해도 막막하고 의욕이 없을 수 있습니다. 이 시기의 여성들은 자녀를 위해 노력하던 시절을 그리워하기도 합니다.

H 씨는 자신이 무엇을 좋아하는지, 어떤 일을 하고 싶어하는지에 대해 고민하며, 그동안 관심 있었던 미술에 대해 더 배우고 싶다는 결심을 합니다. 그녀는 커뮤니티 센터에서 진행되는 미술 수업에 참여하기 시작하며 새로운 사람들과 만나고 그들과의 관계를 점점 형성했습니다. 또한 남편과 여행을 계획하고, 이전에 잘 가지지 못했던 남편과의 시간과 대화를 차츰 늘려가며 새로운 관계를 맺게 됩니다. 이 과정을 통해 H 씨는 새로운 삶의 시작에 대한 기대를 가지게 됩니다.

자녀가 둥지를 떠난 후 허무함과 상실감을 느끼는 것은 당연한 일입니다. 이러한 상실감이 우울증으로 발전하지 않기 위해서는, 빈 둥지를 스스로 꾸미고 채워나갈 필요가 있습니다. 자녀 양육과 살림에 투자했던 시간과 에너지를 자신에게로 돌려야 합니다. 이 과정에서 새로운 취미를 찾거나 새로운 관계를 맺을 수 있습니다. 배우자의 역할도 중요하며, 함께 새로운 대화 주제를 찾아 나가고 공통의 취미를 갖는 것이 좋은 방법입니다. 자녀들은 둥지를 떠나며 그간 부모님의 노고에 충분한 감사를 표현해야 하며 어머니의 역할이 얼마나 가치 있는 일이었는지 충분히 인정해주어야 합니다.

이 시기에 중년 여성들은 자신이 무엇을 좋아하는지, 어떤 것을 할 때 행복함을 느끼는지, 어떤 상황에서 스트레스를 받는지 등 자신에 대해 좀 더 신경을 써야 합니다. 이것은 스스로를 소중히 여기는 행동입니다. 엄마로서의 역할이 마무리되는 시기일 수 있지만, 개인의 인생은 새로운 시작을 맞이하는 시점이기도 합니다.

우울증을 정확히 진단하고 치료해야 하는 이유

치료되지 않은 우울증은 가정 내 불화, 업무능률 저하, 대인관계 문제를 야기하며, 심한 경우 자살 위험까지 높일 수 있습니다. 실제로 치료받지 않은 우울증 환자의 약 2/3는 자살을 심각하게 고려하며 이 중 10-15% 가 생명을 잃습니다.

특히 중년층은 정신건강에 대한 이해가 부족하기 때문에 젊은이들에 비해 서로에게 병원을 찾아가라고 권하지 않는 경우가 많습니다. 친한 지인이 고통 받는 모습을 보더라도, 위로의 말을 전할 수는 있지만 치료를 권유할 생각을 떠올리지 못할 수 있습니다.

C 씨는 힘든 시기를 겪고 있는 지인을 위해 최선을 다해 위로하고 지지했으나, 정신건강의학과에 대한 이해와 경험이 없어 이를 권하지 못했습니다. 결국, 그 지인은 자살로 생을 마감하게 되었고, C 씨는 후회에 가득 차 있습니다. '정신건강에 대한 이해가 더 있었다면, 병원에 데려갔더라면, 막을 수 있지 않았을까?' 라는 생각에 참으로 안타까워했습니다.

병원에 데려갔다면 그 분이 꼭 따라왔을지, 진료를 받았다면 생명을 구할 수 있었을지는 아무도 확신할 수 없습니다. 하지만 그런 선택지조차 생각하지 못했다는 것은 매우 안타까운 일입니다.

우울증은 실제로 생사를 결정짓는 심각한 질병입니다. 우울증에 시달릴 때는, 본인의 비관적인 생각이 병으로 인한 것임을 인식하기 어렵습니다. 이 때문에 주변 사람들의 도움이 절실히 필요합니다. 우울증의 치료 시기를 놓치는 것은 매우 위험하고 무섭습니다.

Chapter 3

부모의 우울증이 자녀에게 미치는 영향

부모의 우울증은 성인 자녀에게도 큰 영향을 미칩니다. 우울증에 시달리는 부모는 에너지가 떨어지고 일상생활에 대한 흥미를 잃게 되는데, 이러한 변화가 부모와 자녀 간의 관계에 영향을 미칠 수 있습니다.

우선, 자녀들은 부모의 우울증으로 인해 걱정과 불안을 느끼며 스트레스를 받을 수 있습니다. 자녀는 부모의 정서적 변화를 인식하고 이해하려 노력하지만, 때때로 받아들이기 어려울 때가 생길 수 있습니다.

부모의 우울증은 자녀에게 집안일이나 일상생활에 대한 부담감을 증가시킬 수 있습니다. 부모가 무기력해지면 자녀는 더 큰 책임을 지게 되며, 이는 자녀의 직장이나 대인 관계, 그리고 정신건강에 영향을 미칠 수 있습니다.

가족 간의 관계 변화도 일어날 수 있습니다. 부모의 우울증이 발견되면, 성인 자녀는 그들의 형제, 배우자, 다른 부모 등 다른 가족 구성원들과 이 상황에 어떻게 대처할지 걱정하게 되며, 이 과정에서 가족 구성원들 간의 관계가 틀어질 수 있습니다.

마지막으로 자녀는 부모의 우울증에 초점을 맞추다 보면 자신의 감정을 무시하거나 소홀히 할 수 있습니다. 이로 인해 자신의 정신건강 문제를 인지하지 못하고 결국 우울증이나 불안장애 등을 겪을 수 있습니다.

우울증을 지닌 부모를 지켜보는 자녀가 자연스럽게 느낄 수 있는 감정

- **슬픔** : 부모와의 대화나 외출 같은 일상적인 활동이 줄어들면서 상실감을 느낄 수 있습니다. 자녀는 자신이 무엇을 해야 할지 모르고, 우울증으로 변해버린 부모의 모습에 마음이 아픕니다. 왜 하필 이런 상실이 자신에게 일어난 건지 원망감도 들 수 있습니다. 소중한 것을 잃는 것은 매우 슬픈 일입니다.

- **분노** : 부모가 자신의 노력에 반응하지 않거나 화를 내는 것에 대해 분노를 느낄 수 있습니다. 자녀는 부모가 자신의 고민을 이해하지 못하고, 자신의 노력을 무시하는 것으로 느끼기도 합니다. 부모를 위해 노력을 많이 했다면 더욱더 자신의 마음을 몰라주는 부모가 야속하고, 그 노력이 헛되게 느껴질 때의 서러움과 분노는 말로 다 표현할 수 없습니다.

- **죄책감** : 가족에게 우울증이 발병하면, 다른 구성원은 자신의 탓이라는 생각에 사로잡힐 수 있습니다. 특히나 부모를 돕고 싶다는 강한 의지가 있을수록 더욱 강한 죄책감을 느낍니다. 부모에게 화를 내는 순간이 있으면, 그럴 만한 이유가 있음에도 '아픈 부모에게 화를 내는 것이 옳은가'하는 생각에 화와 죄책감이 번갈아 찾아옵니다. 자녀는 과거의 행동을 후회하고 부모에게 더 많은 관심을 주지 못했던 것에 대해 죄책감을 느낍니다. 계속 인내하고 기다려주는 과정이 너무 힘들기에 순간순간 무시하고 방관하고 싶은 마음이 들 때도 죄책감이 듭니다. 일상 속에서 잠깐의 행복을 느낄 때조차, 그 즐거움은 쉽게 죄책감으로 변합니다.

- **절망감과 무력감** : 부모의 우울증이 언제 끝날지 알 수 없는 불확실함과 두려움은 가족에게 깊은 절망감과 무력감을 안겨줍니다. 아무리 노력해도 부모의 반응이 없는 것을 보면 힘이 빠지고 절망감이 커집니다.

상담센터나 병원에서 진단을 받고 어떤 치료가 필요하다는 말을 듣는 것만으로도 어느 정도 안심될 수 있지만, 그마저도 불가능할 때의 상황은 무척 힘듭니다. 가족의 노력에도 부모의 반응이 없거나 거부적일 수 있기에 무력감은 점점 커져만 갑니다. 고통이 크더라도 그것이 언제 끝날지 알고 있다면 그나마 견딜 수 있습니다. 하지만 언제까지 계속될지 모르는 고통은 비록 짧은 시간 지속되더라도 견디기가 매우 힘듭니다.

• **불안 :** 우울증의 징후가 분명히 나타나도 가족들은 '아니겠지, 아닐 거야'라는 부정을 하거나, '시간이 지나면 괜찮아질 거야' 또는 '내가 지나치게 반응하고 있는 거야'와 같이 합리화를 하다가 병을 인지하는데 오랜 시간이 소요될 수 있습니다. 하지만 부모님의 상태가 계속 악화된다면, 이런 합리화로는 불안감을 더 이상 덮을 수 없게 됩니다. '부모님이 점점 더 나빠지고 있는 건 아닌가? 어떻게 하면 부모님이 예전 상태로 돌아갈 수 있을까?'와 같은 생각이 머릿속을 맴돌게 됩니다. 자녀가 아무리 노력해도 상황이 나아지지 않을 때, 자신의 노력이 옳은지, 부모님을 더욱 불안하게 만드는 것은 아닌지, 잘못하고 있는 것은 아닌지 의심하게 됩니다. 마음의 병은 회복이 오래 걸리기 때문에 이로 인한 불안감은 점점 커질 수 있습니다. 자녀가 느끼는 걱정이 지나치게 느껴질 수도 있지만, 이는 누구나 겪을 수 있는 일입니다. 부모님을 걱정하는 마음이 깊을수록, 그에 따른 불안감도 커질 수 있습니다.

PART 2

중년에서 흔한 질환의
진단과 치료법

우울하거나 마음이 힘든 것이 신나는 일은 아니지만 반대로 우
울하지 않고, 불안하지 않고, 늘 힘이 넘치는 것이 꼭 잘사는 것
은 아니다. 정신의학의 거장 위니콧은 이렇게 말했다.

"질병이 없는 상태가 건강일지는 몰라도, 그것은 삶은 아니다."

Chapter 1

사례 1 우울장애:

기력이 없고 잠도 잘 오지 않아요

❶ 50대의 B 씨는 대기업 임원으로 활동하며 성실하게 일하고 많은 성과를 냈지만, 이번에 은퇴하게 되었습니다. 은퇴 후의 일상은 B 씨에게 매우 낯설었는데, 사회의 구성원으로서 의미 있는 일을 하는 것에 자부심을 느끼다가 은퇴 후로는 아무런 일도 하지 않는 듯한 무가치한 존재가 된 것 같았습니다. 앞으로의 노후 생활을 위한 준비도 불안해졌습니다. 잠들기도 힘들었고, 재취업을 시도하였으나 나이 때문에 어디에서도 받아주지 않았습니다. 집에서만 지내다 보니 아내와의 갈등도 늘어났습니다. 자신을 원하던 사람들이 이제는 그렇지 않다는 생각에 쓸모없는 존재가 되었다는 생각이 점차 강해졌습니다. 더욱이 4년 전 치매 진단을 받은 모친의 상황이 점점 악화하고 있고, 간병비도 부담스러웠습니다. 그동안 열심히 일한 게 무슨 의미가 있었고, 왜 그렇게 살았는지에 대한 무망감이 들었습니다. B 씨는 점차 식욕을 잃고, 피로가 쉽게 쌓여 방에만 누워 있는 시간이 많아졌습니다. 심지어 죽는 것이 낫겠다는 생각까지 들었습니다.

❷ 50대 주부인 C 씨는 두 딸을 시집 보내고 최근 2년 동안 남편과만 생활하고 있습니다. 처음에는 딸들을 위한 식사 준비나 빨래 등의 집안일이 줄어들어 편안하고 자유로워진 느낌이 들었습니다.

그러나 점차 딸들과의 수다가 없고, 남편은 텔레비전에만 집중하니 집안이 고요해지고 외로움과 우울감이 찾아왔습니다. 일상적인 대화를 나눌 사람이 없어지니 집이 빈 듯한 느낌이 들었습니다. 그래서 오랜만에 친구들을 만나보려고 했지만, 너무 오랫동안 연락하지 않아서 쉽게 전화할 수 없었습니다. 두 딸에게도 전화해보려 했지만, 부담을 주는 것 같아 그만두었고 딸들로부터의 연락도 없었습니다. 그러던 중, 건강검진에서 유방에 덩어리가 발견되어 악성인지에 대한 검사가 필요하다는 소식을 듣게 되었습니다. 이후 C 씨는 더욱 불안해졌습니다. 만약에 유방암이라면, 그 어려움을 혼자 어떻게 이겨내야 할지 앞일이 막막했습니다. 이로 인해 점점 식욕도 없어지고 잠도 오지 않게 되었습니다.

❸ 50대 여성인 D 씨는 두 성인 아들과 함께 살지만, 아들들은 대부분의 시간을 친구들과 보내고, 남편은 자주 출장을 가는 바람에 집을 비우는 경우가 많습니다. D 씨는 이전에는 직장에서 일하며 바쁘게 지내고, 사람들과 함께 일하면서 자아실현의 기쁨을 느꼈습니다. 그러나 건강 문제로 퇴사하게 되면서 대부분의 시간을 집에서 혼자 보내게 되었습니다. D 씨는 가족과 함께 살고 있지만, 가족들과의 소통이 부족하여 마음을 털어놓을 사람이 없다는 점에 외로움은 커져만 갔습니다. 이유 없이 눈물을 흘리는 날이 잦아졌으며 평소 즐기던 운동도 중단하고, 집 밖으로 나가는 것은 물론, 친구들과 연락하는 일도 거의 없어졌습니다.

50대에 접어든 B 씨, C 씨, D 씨는 각자 다른 배경과 사정 속에서 공통적으로 우울감을 경험하였습니다. 이 시기에는 직장에서의 승진 경쟁이나 조기 실직, 은퇴 등 직장생활의 변화를 경험하게 됩니다. 또한 자녀의 결혼이나 독립, 신체적인 노화, 만성 질환의 발병 등 개인적인 변화도 겪게 됩니다. 더불어 수명이 연장됨에 따라 은퇴 후의 생활에 대한 경제적인 불안감이 커질 수 있습니다. 부모의 수명도 연장되어 부모 부양 부담과 함께 자녀들의 독립이 늦어지면서 자녀 부양 부담도 겹치게 됩니다. 부부가 함께하는 시간이 많아짐에 따라 부부간의 갈등이나 이혼율도 증가하는 경향이 있습니다. 이와 같은 다양한 변화와 스트레스 요인이 중년기 우울증을 유발할 수 있습니다.

우울증 진단기준

다음의 9가지 증상 가운데 5가지 또는 그 이상이 2주 연속 지속되며 이전 기능 상태와 비교할 때 변화를 보이는 경우 우울증을 진단할 수 있습니다. 단 1 혹은 2 중에 하나 이상은 반드시 해당해야 합니다.

① 하루 중 대부분 그리고 거의 매일 지속되는 우울 기분에 대해 주관적으로 보고 (예: 슬픔, 공허함 또는 절망감)하거나 객관적으로 관찰됨 (예: 눈물 흘림)	☐
② 거의 매일, 하루 중 대부분, 거의 또는 모든 일상 활동에 대한 흥미나 즐거움이 뚜렷하게 저하됨	☐
③ 체중 조절을 하고 있지 않은 상태에서 의미 있는 체중의 감소(1개월 동안 5% 이상의 체중변화)나 체중의 증가, 거의 매일 나타나는 식욕의 감소나 증가가 있음	☐
④ 거의 매일 나타나는 불면이나 과다수면	☐
⑤ 거의 매일 나타나는 정신운동 초조나 지연(단지 주관적인 좌불안석 혹은 쳐지는 느낌 뿐만이 아닌 제3자에 의해 객관적으로 관찰 가능함)	☐
⑥ 거의 매일 나타나는 피로나 활력의 상실	☐
⑦ 거의 매일 무가치감 또는 과도하거나 부적절한 죄책감을 느낌	☐
⑧ 거의 매일 나타나는 사고력이나 집중력의 감소, 또는 우유부단함	☐
⑨ 반복적인 죽음에 대한 생각(단지 죽음에 대한 두려움이 아님), 구체적인 계획 없이 반복되는 자살 사고, 또는 자살 시도나 자살 수행에 대한 구체적인 계획	☐

▲ 출처: DSM-5 정신질환의 진단 및 통계편람

우울증의 다양한 치료 방법과 효과

우울증은 눈에 보이지 않는 병이기 때문에 종종 주변인들의 이해나 지지를 얻기 어렵고, 우울증을 겪는 당사자도 보이지 않는 고통을 느끼는 자신을 이해하지 못하여 자책하는 경우가 많습니다. 게다가 X-ray 같은 객관적 검사로 확인할 수도 없어서 환자 자신도 우울증을 앓고 있는게 맞는지, 치료가 잘 진행되고 있는지에 대한 의문을 가질 수 있습니다. 이런 점들이 치료 과정에서 치료자와의 신뢰 형성을 어렵게 만들 수 있습니다.

우울증 치료를 이해하기 위해 인대 손상과 그 치료 과정을 생각해봅시다. 경미한 인대 손상은 며칠의 휴식으로 자연스럽게 회복되지만, 심각한 손상은 약물치료와 함께 부목을 사용해야 할 수도 있습니다. 심각한 손상을 입은 인대를 그대로 사용하면 돌이킬 수 없는 손상을 입을 수 있기 때문입니다. 약 2-4주 동안 치료를 받은 후 통증이 사라지고 걷는 것이 가능해지면, 인대를 강화시키는 재활치료가 이어집니다. 한번 약해진 인대는 손상에 취약하게 되므로, 재활과 강화운동이 필수적입니다.

우울증 치료도 이와 매우 비슷한 점이 있습니다. 가벼운 우울감은 휴식과 운동으로 자연스럽게 회복될 수 있지만, 일상생활에 지장을 주는 심각한 우울증은 적극적인 치료가 필요합니다. 인대 손상에서 부목이 통증을 완화시키고 추가 손상을 방지하지만 인대 손상을 기적적으로 회복시키지는 못하는 것처럼, 항우울제도 우울감과 불면증을 완화시키고 증상의 악화를 방지하지만, 그 자체로 기분을 완전히 회복시키는 것은 아닙니다. 부목을 제거한 후에 과격한 운동을 하면 다시 인대가 손상될 수 있는 것처럼, 항우울제를 중단한 후 과도한 스트레스 상황에 노출되면 우울증이 재발할 가능성이 있습니다.

그러므로 우울증 증상이 완전히 사라진 후에도 지속적인 관리와 재활 치료가 필요합니다. 이는 뇌를 점차 회복시키고 재발을 예방하는 데 필수적입니다. 일반적으로 인대 손상이나 골절처럼 치료 과정과 시간이 비교적 분명한 물리적 상처와는 달리, 우울증과 같은 정신적 상처의 치료는 개인마다 상이하며, 때로는 오랜 시간이 걸릴 수 있습니다. 이는 단지 우리의 마음이 더욱 복잡하고 섬세하게 구성되어 있기 때문이니 이것을 이해하고 인내심을 가지며 치료에 임하는 것이 중요합니다.

전문가가 주는 도움

우울증 치료는 주로 약물치료와 심리치료, 이 두 가지 방법으로 진행됩니다. 이틀 동안 아무것도 먹지 않아 걸을 수 없을 정도로 지친 상태를 상상해보세요. 이런 상황에서 단순히 그 상태의 원인을 설명 듣고, 어떻게 걸어야 하는지 들었다고 해서 바로 일어날 수 없습니다. 같은 이유로, 일상생활을 영위하기 힘들 정도로 에너지가 없는 심각한 우울증 상태에서는 약물치료가 반드시 필요합니다. 초콜렛 한 조각이 굶주려 지친 사람을 일으켜 줄 수 있는 역할을 하는 것과 같습니다.

심리치료, 특히 상담치료는 환자가 자신의 현재 마음 상태와 그것이 어떻게 현재의 상태로 이어졌는지를 돌아보고 말로 표현하는 과정입니다. 이는 상당한 에너지를 필요로 하는 작업이며, 우울증이 있는 경우 상담 과정에서 내용이 부정적으로 흘러가는 경우가 많아, 상담 후에 더욱 우울해지는 경우도 있습니다. 그렇기에 우울증이 심한 경우에는 약물치료 없이 심리치료만 진행하면, 에너지 소모가 매우 심할 수 있습니다. 물론 모든 경우에 해당하는 건 아닙니다. 일상생활에 큰 지장이 없고, 어느 정도 에너지가 있어 일상생활을 영위할 수 있는 경우에는 반드시 약물치료를 필요로 하진 않습니다. 각 환자의 상태와 필요성에 따라 약물치료와 심리치료의 비율과 중점은 달라질 수 있습니다. 따라서 치료는 항상 개개인의 상태와 필요성을 고려하여 맞춤화되어야 합니다.

| ① 약물치료

숨이 차 더는 달릴 수 없는 상황에서 결승점은 아직도 보이지 않는다고 상상해봅시다. 더는 걸을 엄두가 나지 않는데 누군가의 '힘내'라는 응원이 들립니다. 이미 모든 힘을 다 하고 있기에 누군가의 응원에 분노가 생겼고, 더 나아갈 수 없는 자신에 대해서는 실망감이 듭니다. 어떠한 것도 하기가 힘든 상황에서는 뒤에서 한번 살짝 밀어주는 것과 같은 작은 도움이 필요하며, 그 도움으로 한 걸음이 시작되었다면 그 시작에 의해 다음 걸음이, 또 다음 걸음으로 이어지게 됩니다. 뇌가 지쳐있는 상태인 우울증에서 회복하기 위해서도 첫걸음을 돕는 무언가가 필요하며, 그 시작점이 되는 것이 '항우울제'입니다.

항우울제의 효과는 2주 이내로 나타날 수도 있지만, 유의미한 치료 효과를 얻기 위해서는 약 3-4주의 시간이 필요합니다. 그러나 많은 사람이 증상이 호전된 1-2개월 후에 치료를 중단하려고 합니다. 이는 마치 인대 손상이 완전히 회복되지 않았음에도 불구하고 운동을 재개하는 것과 유사합니다. 우울증은 재발률이 높습니다. 통계적으로 우울증이 2번 재발하면 이후 재발 확률이 50%, 3번 재발하면 90%로 높아지며 재발 횟수가 많아질수록 증상도 더욱 심해지는 경향이 있습니다.

우울증의 증상과 지속시간은 개인마다 다르지만, 항우울제를 복용하면 우울증 증상의 지속기간이 짧아지며, 증상 호전 후에도 예방적으로 복용하면 재발률이 크게 감소합니다. 실제로 서트랄린이라는 항우울제와 위약을 비교한 한 연구에서는 항우울제를 사용한 그룹의 재발률이 26%로, 위약을 사용한 그룹의 50%에 비해 절반가량 감소하는 결과를 보였습니다. 이처럼 항우울제는 단기적인 증상 개선뿐만 아니라 장기적인 관리에도 중요한 역할을 합니다.

그러나 중요한 점은 약물치료는 단지 시작점일 뿐, 우울증 치료의 전부가 아니라는 것입니다. 우리의 뇌는 복잡하며, 재발을 예방하고 상태를 안정화시키기 위해서는 약물치료 외에도 심리치료와 같은 다른 치료 방법이 함께 필요할 수 있습니다.

우울증 치료를 받는 과정에서 '왜 나아지지 않는 걸까?'라는 불안감이 들 수 있습니다. 더구나 주변 사람들이 '아직도 약을 복용해야 해? 이제 좀 괜찮아졌지 않아?'라고 말하면 마음이 더욱 초조해질 수 있습니다. 이런 상황에서는 치료의 효과를 의심하거나, 우울증이 아니라 본인 자신이 문제가 아닐까 하는 부정적인 생각을 가지기도 합니다. 하지만 우울증은 호전되는 과정에서도 모든 증상이 동시에 개선되지 않습니다. 증상 호전 순서와 시간은 개인마다 다릅니다. 항우울제 치료를 받는 경우 대략 70%의 환자는 1-2주 내로 수면 문제와 식욕 문제가 개선되며, 2-4주 이내에는 불안과 긴장감이 줄어듭니다. 무기력감이 줄어들기까지는 4-6주 이상, 기억력과 집중력 저하, 부정적 사고가 개선되는 데에는 6-12주 이상의 시간이 소요됩니다. 즉, 치료를 시작한지 3개월이 지나도 여전히 증상이 남아있는 것은 정상적인 치료 과정의 일부입니다.

우울증 치료는 한 번에 이루어지는 것이 아니라, 점진적으로 이루어지는 계단과 같은 과정입니다. 그럼에도 불구하고 많은 사람이 이 과정에서 나아질 수 있을지 의문을 가지며 좌절하곤 합니다. 이는 현재 상황이 영원할 것 같은 두려움 때문입니다. 하지만 모든 변화는 시간이 필요하니 중요한 것은 현재의 상황도 변화의 일부라는 걸 기억하는 것입니다.

Q1 병원에서 자꾸 약을 늘리기만 해요. 처음에는 분명 작은 한 알이었는데 갈 때마다 두 알, 세 알이 되고 약에 적혀있는 숫자도 올라가는 것이, 뭔가 치료가 잘못되고 있는 것은 아닌지 혼란스럽습니다.

충분히 불안할 수 있습니다. 항우울제 등의 향정신성 약물은 우리 뇌의 신경전달물질에 영향을 주기 때문에 너무 급작스럽게 용량을 많이 투여하는 것은 뇌에 교란을 불러일으켜 부작용을 일으킬 수 있습니다. 아주 작은 용량으로 시작해 서서히 용량을 올려야 뇌의 큰 교란 없이 약효가 잘 나타날 수 있습니다. 그래서 아마 처음 내원했을 때 가장 적은 용량을 처방 받았을 것이며 내원할 때마다 부작용을 확인하고 부작용이 없는 선에서 치료 용량까지 서서히 용량을 올리게 됩니다. 이런 방식은 증상이 악화되어서라기보다 환자의 안전성을 우선시 하기 위한 것입니다.

Q2 한 달 전에 우울해서 병원을 갔다가 약을 처방 받았습니다. 별 차도도 없고 일단 오라고 하니 계속 가기는 하는데 병원에서 자꾸만 약을 바꾸시네요. 이게 맞는 건가요?

항우울제는 다양한 종류가 있어서 개개인에게 맞는 약을 찾는 데 다소 시간이 걸릴 수 있습니다. 첫 번째 약물에 효과를 보이는 경우가 약 33%에 달합니다. 만약 첫 번째 약에 효과가 없다면, 다른 기전의 약으로 바꾸게 됩니다. 사람마다 약물 반응성이 다르기 때문에 최적의 약물을 찾는 과정입니다. 실제로 3-4번의 약물 교체 후에는 환자의 대략 70% 정도가 치료에 긍정적인 반응을 보입니다. 물론, 약물치료의 효과를 보지 못하는 경우도 약 30% 있습니다.

Q3 약물치료를 언제까지 해야 하나요?

약물치료를 급하게 종료하는 것이 반드시 성공적인 치료를 의미하지는 않습니다. 항우울제의 효과가 빠르게 나타나 증상이 호전되면, 환자들은 종종 스스로 치료를 중단하곤 합니다. 전문가와의 대화 없이 스스로 치료를 그만둔 대다수의 환자는 후에 다시 병원을 찾아와 약물치료를 재개하게 됩니다. 우울증 증상이 완전히 회복된 후에도 6-12개월 혹은 과거 경험했던 우울증 기간 중 더 긴 시간 동안 약물치료를 계속해야만 재발 위험을 감소시킬 수 있습니다. 연구에 따르면, 우울증이 2.5년 이내에 재발한 경우, 5년 동안의 예방적 치료가 필요하다고 합니다. 이는 우울증 치료가 단기간에 집중되는 것이 아니라 장기적인 관리와 관심이 필요함을 보여줍니다.

Q4 항우울제도 여러 종류가 있다고 알고 있는데 어떤 기준으로 약물을 선택하나요?

항우울제는 다양한 종류가 있어 증상에 맞게 선택할 수 있습니다. 가장 일반적으로 사용되는 선택적 세로토닌 재흡수 억제제(SSRI)를 비롯해, 세로토닌 노르에피네프린 재흡수 억제제(SNRI), 노르에피네프린 도파민 재흡수 억제제(NDRI) 등 다양한 작용 메커니즘을 가진 약물이 사용됩니다. 예를 들어 도파민과 노르에피네프린이 주요 역할을 하는 무쾌감, 무기력감, 피로, 집중력 감소 등의 증상이 강하다면 NDRI를, 세로토닌과 노르에피네프린이 관여하는 우울, 죄책감, 초조함 등의 증상이 주된 경우에는 SSRI나 SNRI를 선택합니다. 수면 문제에 대해서는 세로토닌, GABA, 히스타민 등의 작용을 조절하는 수면제나 항우울제를 선택할 수 있습니다.

다른 예로는 세로토닌과 노르에피네프린이 관여하는 혈관운동성 증상이나 통증에 대해서는 SNRI를, 세로토닌과 GABA가 관여하는 불안 증상에 대해서는 SSRI, SNRI, 벤조디아제핀 등을 선택하여 사용합니다. 이러한 방식으로 처음에는 증상에 가장 잘 부합하는 약물을 선택하되 약물의 효과가 미미하거나 부작용이 심할 경우 다른 작용 메커니즘을 가진 약으로 변경합니다. 즉 증상에 부합하는 동시에 부작용을 최소화할 수 있는 항우울제를 선택하므로 복용 중 불편한 부분이 있으면 치료자에게 반드시 말씀하셔서 약을 조정 받아야 합니다.

Q5 약을 먹다가 너무 좋아져서 그냥 끊었습니다. 그랬더니 갑자기 움직일 때마다 머리가 어질어질하고 찌릿찌릿하면서 집중도 잘 안 되더라고요. 오늘 컨디션이 안 좋겠거니 했는데 다음날부터 더 심해져서 어지럼증 때문에 정말 죽을 뻔 했어요. 응급실을 가야 하나 싶었다니까요? 약을 다시 먹었더니 괜찮아지더라고요. 이러면 평생 약을 못 끊는 거 아닌가요? 괜히 먹기 시작해서 이제 끊지도 못하게 됐을까 봐 무서워요.

걱정이 많이 되셨을 것 같습니다. 항우울제를 갑자기 중단했을 때 몸이 불편한 반응을 보이는 것은 항우울제 중단 증후군(Antidepressant Discontinuation Syndrome)으로 알려져 있습니다. 이는 약물을 중단하고 2–7일 내로 어지럼증, 근육통, 오심, 두통, 불면, 불안, 초조, 이명 등의 증상이 나타나는 현상인데, 갑자기 항우울제를 중단한 환자 약 5명 중 1명에게서 관찰될 수 있습니다. 그러나 이러한 현상을 '항우울제 중독'이라고 부르는 것은 정확하지 않습니다. 항우울제는 술이나 담배와 같이 그 자체로 중독성을 가지지 않습니다.

Q6 항우울제를 끊으면 이상한 증상들이 생기는데 중독이 아니라고요?

중독이라는 것은 일반적으로 다음 네 가지 특성을 가지고 있습니다.

- 그 물질이 신체나 정신에 명확한 해를 입히며,
- 사용할수록 점차 더 강력한 갈망이 생겨 직장, 가정, 대인관계 등에서 손해를 입더라도 물질을 계속 사용하려는 경향이 있습니다.
- 사용 기간이 길어질수록 같은 효과를 얻기 위해선 점차 더 많은 양을 사용해야 합니다.
- 오랜 기간 사용 후 중단하면 금단 증상이 나타납니다.

이런 관점에서 항우울제를 살펴보겠습니다.

첫째, 항우울제는 치료제로 사용되며 신체나 정신에 해를 입히는 물질이 아닙니다. 많은 환자가 항우울제 복용으로 우울과 불안 등의 증상이 호전됩니다.

둘째, 항우울제에 대한 강력한 갈망이 생기는 경우는 거의 없습니다. 물론 일부 다른 향정신성 약물은 중독되는 경우가 있어서 아무리 의사가 복용하지 말라고 해도 여러 병원을 다니며 처방 받기도 합니다. 하지만 항우울제는 의사가 아무리 약을 복용하라고 강조해도 환자가 자의적으로 중단하는 경우가 많습니다.

셋째, 항우울제는 일정한 치료 용량이 정해져 있고, 동일한 효과를 얻기 위해 계속해서 더 많은 양의 약을 복용하진 않습니다.

마지막으로, 오랜 기간 항우울제를 복용 후 갑자기 중단하면 금단과 유사한 증상(항우울제 중단 증후군)이 나타날 수 있습니다. 하지만 이건 혈압약을 먹다가 중단하면 혈압이 확 오르는 것처럼, 뇌에 작용하던 물질이 급격히 사라진 결과로 신경전달물질에 교란이 와서 생기는 자연스러운 현상입니다. 그러므로 이러한 증상은 중독이 아닌 약물의 중단으로 인한 일시적 반응입니다.

이 중단 증후군 증상을 겪은 후에 이제는 약을 끊지 못한다는 두려움과 약 복용을 시작한 일을 후회하며 주변에 약을 절대 먹지 말라고 말씀하시는 분들도 있습니다. 하지만 이는 모두 갑작스러운 중단 때문입니다. 특히 고용량으로 오랜 기간 약을 복용하시다가 갑작스레 중단하면 더욱 심한 증후군이 나타납니다. 물론 사람마다 다르게 점진적으로 약을 줄여도 중단 증후군이 나타나기도 합니다. 특히 벤라팍신처럼 반감기가 짧은 항우울제의 경우가 더욱 두드러집니다. 하지만 적절한 약물 관리 및 의사와의 충분한 소통으로 충분히 예방하고 관리할 수 있는 문제입니다. 약물 조정에 대해 소통이 잘 되지 않는다면 치료자를 변경해야 할 수는 있지만, 약을 자의로 중단하는 것은 위험합니다.

Q7 약을 끊고 너무 힘들다면 어떻게 해야 할까요?

먼저, 복용하던 항우울제를 이전의 용량으로 다시 조정하고, 증상이 호전되고 치료를 중단할 적절한 시기가 되면 서서히 약물을 감량하는 단계를 거치는 것이 필요합니다. 반감기가 짧은 약물의 경우, 반감기가 긴 다른 항우울제로 변경한 후에 다시 감량하는 단계를 거치기도 합니다. 따라서 약을 중단할 때는 주로 일주일에 약 25%씩 점진적으로 감량하는 방식이 권장됩니다.

Q&A 약 부작용

선생님, 약을 처방 받았는데 주변에서 워낙 안 좋은 약이라고도 하고 약 먹으면 머리가 멍해지고 바보가 된다고 하니 복용하기가 좀 두려워요. 다들 함부로 복용하지 말라고 하니까요. 그래서 약물치료는 안 받고 싶은데 다른 치료로 어떻게 할 수 없을까요? 항우울제는 부작용이 너무 많다고 들어서 걱정이 돼요.

항우울제는 부작용이 분명히 있습니다. 항우울제뿐만 아니라 여러분이 복용하는 모든 약이 그렇습니다. 약학정보원에서 찾아봐도 부작용이 거의 없는 약을 찾기는 힘든 일입니다. 심지어 대부분의 사람이 한 번쯤 복용한 타이레놀조차도 상당한 부작용을 가질 수 있습니다. 이로운 효과만 있는 약이 있다면 참 이상적이겠지만, 대체로 약물은 이로운 효과와 부작용이 동시에 나타나거나, 효과와 부작용이 모두 적거나, 때로는 부작용이 효과보다 더 크게 나타날 수 있습니다.

항우울제 부작용과 관련하여 많이 궁금해하는 몇 가지 질문을 살펴보겠습니다.

Q1 **항우울제를 복용하고 구토할 뻔 했어요. 이 약 먹어도 되는 건가요?**

치료 초기에 항우울제를 끊게 되는 가장 흔한 원인 중 하나는 소화기계 부작용입니다. 속이 울렁거리거나 구역감이 들고 심한 경우 구토로 이어지기도 하며 설사, 변비 등의 불편함과 입마름을 호소하는 경우도 흔하게 있습니다. 하지만 정말 다행인 것은 이러한 소화기계 부작용은 1–2주 안에 약에 적응하며 대부분 사라집니다. 그래서 복용 초기 1주일 동안 나타나는 이러한 위장 문제는 매우 곤란하다면 약의 용량을 줄이는 방식으로 해결할 수 있습니다. 견딜 수 있는 범위라면, 대개 점차 사라질 부작용이므로 소화제를 복용하며 견뎌볼 수도 있습니다. 그러나 1–2주가 지나도 여전히 구역감이 지속되거나 개선될 기미가 보이지 않는다면 항우울제를 바꿔야 할 수도 있습니다.

항우울제 복용 후 멍해진다고 하는데 바보가 되는 거 아닌가요?

항우울제 중에서도 특히 진정효과가 강한 경우, 복용 초기 졸리고 멍해지며 이전보다 집중력이 떨어질 수도 있습니다. 멍해지고 가라앉는 이러한 효과가 때로는 심한 불안이 동반된 우울증의 치료에는 필요할 수도 있습니다. 하지만 항우울제로 인한 '멍함' 부작용은 복용 초기에만 일시적으로 나타나는 것이며, 1–2주 이내로 대체로 적응되어 사라지게 됩니다. 만약 약을 복용하는 동안 계속해서 집중력이 떨어진다면, 그것은 우울증 증상 때문일 가능성도 높습니다. 우울, 불안이 장기 지속되면 인지기능에 부정적 영향을 줄 수는 있지만, 항우울제를 장기 복용한다고 해서 장기적으로 인지기능이 떨어지지는 않습니다. 따라서 항우울제 복용으로 인해 비가역적으로 '바보'가 되는 경우는 없으므로 안심하셔도 됩니다.

Q3 **항우울제를 복용하니 졸리지도 않는데 하품이 나오기도 하고, 덥지도 않은데 땀이 좀 많이 나요. 특히 밤에 자고 일어나면 온 몸이 땀에 젖는 날도 있어요.**

졸림과 상관없이 하품이 많이 날 수가 있고, 땀도 많이 날 수가 있습니다. 이 부작용은 세로토닌과 관련된 것인데 약을 복용하는 기간 내내 지속될 수 있습니다. 심한 경우가 아니라면 지켜보기도 하지만, 일상에 지장이 심한 정도라면 약을 바꾸어야 할 수도 있습니다.

Q4 **치료를 시작하고 밤에 꿈을 너무 많이 꾸는데 이것도 항우울제와 관련이 있을까요?**

네, 그럴 수 있습니다. 사람은 잠을 자며 꿈을 꿉니다. 잠이 얕을 때는 깨어난 후에 꿈을 더 잘 기억하게 됩니다. 우울이나 불안 등으로 인해 깊은 수면을 취하지 못하면 꿈을 더 많이 기억하게 될 수 있습니다. 특정 주제가 반복되거나 큰 감정을 유발하는 꿈을 많이 꾼다면, 현재 심리 상태가 반영된 것일 수 있습니다.

항우울제 또한 꿈에 영향을 줄 수 있습니다. 꿈이 양적으로 많아질 수도 있고 꿈을 더 잘 기억하게 하며 악몽이나 비현실적인 꿈 등 다양한 꿈을 계속해서 꿀 수 있습니다. 항우울제 복용 후 꿈의 빈도가 변화했다면 이는 항우울제와 관련된 부작용일 가능성이 높습니다. 이런 경우, 항우울제 복용 시간을 아침으로 변경해보면 도움이 될 수 있습니다. 그럼에도 불구하고 개선되지 않거나 수면의 질이 저하되어 불편함이 지속된다면 항우울제의 변경을 고려할 필요가 있습니다.

Q5 **항우울제와 체중 변화의 진실**

항우울제의 종류, 용량, 그리고 개인차에 따라 체중에 미치는 영향은 다양합니다. 멀타자핀이나 파록세틴과 같은 항우울제는 체중 증가 부작용이 비교적 더 자주 발생할 수 있습니다. SSRI 계열의 항우울제 중 하나인 에스시탈로프람은 체중 증가 부작용이 비교적 덜 하긴 해도 체중이 증가할 수 있습니다. 연구에 따라 에스시탈로프람의 평균 체중 증가율이 0.5%~3.7%로 나오기도 했습니다. 세로토닌이 식욕을 직접 증가시킬 수도 있고, 항우울제 복용으로 인한 우울증 감소가 식욕 증가를 초래할 수도 있습니다.

그러나, 에스시탈로프람을 복용하더라도 체중 감소가 심하게 나타나는 경우도 있으며 플루옥세틴의 경우 식욕이 오히려 떨어져 체중이 감소되는 경우도 많습니다. 이처럼 항우울제가 일부 사람에서는 체중에 영향을 줄 수 있기 때문에, 체중 변화가 과도하게 이루어진다면 반드시 의료진과 상의하여 조절해야 합니다.

Q6 항우울제 복용 후 성기능 저하가 걱정됩니다.

부끄러워 의사에게 쉽게 얘기하기 어려운 부작용 중 하나가 성기능 저하입니다. 그래서 의사가 먼저 이야기하고 확인하는 게 중요합니다. 항우울제를 복용한 후 남성에서는 성욕 감소, 발기부전, 지루증, 성불감증 등의 성기능 장애가 발생할 수 있고, 여성에서도 성욕 감소와 성불감증이 발생할 수 있습니다. 연령, 성별, 항우울제의 종류 등 성기능 저하의 발생 빈도는 다르지만, 조사 결과에 따르면 항우울제 복용 환자 중 10% 이상이 이러한 부작용을 경험했다는 보고가 있습니다. 상당히 흔하게 발생하는 부작용입니다.

성기능 저하는 약을 복용하는 동안 지속될 수 있으며, 대부분 약을 중단하면 원상태로 돌아옵니다. 생명에 직접적인 위협이 되는 증상은 아니지만, 생활에 큰 불편함을 초래할 수 있는 부작용입니다. 이 부작용이 나타나면 주치의에게 이를 알리고, 성욕 감소나 성기능 장애 부작용이 없는 다른 항우울제로 변경하거나 다른 항우울제를 추가하는 것을 고려해 볼 수 있습니다. 이런 문제를 혼자서 앓지 않고 의료진과 소통하는 것이 중요합니다.

Q7 항우울제 부작용이 너무 힘들어요, 어떻게 해야 하나요?

항우울제 부작용은 처음 1-2주 동안 가장 자주 발생합니다. 대부분 부작용의 강도와 빈도가 점차 줄어들지만, 약을 복용한 지 일정 시간이 지나서 불편한 증상이 나타나기 시작한다면 약물의 부작용이 아닌 다른 요인일 수 있습니다. 그래서 추가적인 검사가 필요할 수 있습니다. 처음 3-4일 정도는 약간의 불편함이 있겠지만, 감내 가능한 범위라면 약을 중단하기보다는 조금 더 기다려보는 것이 좋습니다. 이 시기는 항우울제의 효과가 아직 명확하게 나타나지 않고 부작용만을 느낄 수 있는 시기여서 힘들 수 있습니다. 이후로는 상황이 점점 나아질 가능성이 높지만, 그럼에도 증상이 계속되고 심해진다면 반드시 의사와 상의해야 합니다. 개인에 따라 부작용을 다르게 느낄 수 있으니 적절한 대응 방법은 전문가와 상의하는 것입니다.

| ② 인지행동치료(Cognitive Behavioral Therapy, CBT)

우리의 생각, 감정, 행동은 서로서로 영향을 주고 받습니다. 기분이 우울할 때면 더 부정적으로 사고가 흐르고, 다시 부정적인 사고는 우울감을 악화시킵니다. 부정적 사고로 인해 전반적인 행동이 감소하기도 하며, 즐거운 행동으로 인해 부정적 사고가 줄어들게 되기도 합니다. 이러한 생각, 감정, 행동의 관계를 기반으로 이루어지는 치료가 인지행동치료입니다. 인지행동치료는 과거를 이야기하지 않으며 현재의 생각, 감정, 행동에 초점을 맞춥니다. 대개 12-20회의 짧은 회기로 이루어지며, 환자와 치료자가 함께 목표를 설정하고, 문제해결방법을 연습하면서 성공적으로 문제에 대처하는 방법을 배우게 됩니다.

A 씨는 최근 한 달 전 직장에서 해고된 이후로 앞으로는 어떤 일을 해도 실패할 것 같다고 느꼈습니다. 더는 할 수 있는 것이 없다고 느끼니 자신의 존재 자체가 무의미해진 것 같았습니다. 그렇게 자신의 무능함에 대한 자책감에 시달렸습니다. 이러한 극단적인 사고와 인지 왜곡으로 인해 그녀는 집중력도 떨어지고, 삶의 모든 것을 부정적으로 바라보게 되었습니다.

우울증에서 흔하게 발견되는 자동적 사고*

* 자동적 사고: 의식적인 노력이나 선택 없이 반사적으로 드는 사고

- **극단적 사고 또는 흑백사고** : "난 아무 것도 제대로 할 수가 없어"
- **재앙화 사고** : "내가 이 일을 실패하면 모든 것이 망할 것이다"
- **긍정적인 면 축소하기** : "나쁜 일만 계속 생기네", "그냥 운이 좋았던 거야"
- **일반화** : "나는 언제나 이런 식으로 실패하는 거 같아"
- **개인화** : "이런 일이 생긴 건 다 내 탓이야"

- **독심술** : "주변 사람들은 나를 멍청하다고 생각할 거야"
- **예언하기** : "이번에도 실패할 거야"

A 씨에게는 어떤 일을 해도 실패할 것이라는 **재앙화 사고**와 자신이 할 수 있는 것이 아무 것도 없다는 **극단적 사고**의 인지 왜곡을 보이고 있으며 이러한 인지 왜곡이 우울감을 악화시키고 있었습니다. 치료자는 A 씨의 인지 왜곡을 발견하고, 이러한 극단적인 사고 패턴을 인식하는 데 도움을 주게 됩니다. A 씨는 자신의 생각이 현실적인지, 그리고 자신의 생각이 어떻게 행동에 영향을 미치는지에 대해 고민하게 되었습니다. 또한, 치료자는 A 씨가 자신의 생각을 조금 떨어져서 바라보게 하고, 이 생각이 맞다는 증거와 맞지 않다는 증거를 찾도록 도와주었습니다. 결국 A 씨는 자신의 생각이 현실적으로 옳은지 아닌지에 대한 판단을 할 수 있게 되었습니다.

Ⓐ 환자 : 저는 앞으로 어떤 걸 해도 실패할 것 같아요.

Ⓑ 치료자 : 이번 일로 A 씨는 큰 좌절감을 느끼셨을 것 같습니다. 그렇기에 충분히 그러한 생각이 드실 수 있을 것 같습니다. 하지만 한편으로는 방금 말씀하신 생각이 아까 함께 이야기 했던 극단적 사고에 해당할 수도 있을 것 같은데, 이걸 함께 다시 생각해보면 어떨까요?

Ⓐ 환자 : 그런데 진짜 망해버릴 거 같아요. 그리고 이런 생각을 하면서 더욱 우울해지는데 어떻게 다시 생각하면 좋을까요?

Ⓑ 치료자 : 우리는 이런 극단적인 생각에 빠지는 걸 '자동적 사고'라고 부르기도 해요. 이런 자동적인 사고는 현실보다 지나치게 부정적으로 느껴지게 만들어요. 그러니까, 이런 생각이 당신을

더욱 우울하게 만드는 걸 막고, 다시 한번 현실적으로 생각해볼 필요가 있어요. 어떻게 하면 더 좋은 방향으로 나아갈 수 있는지 생각해봐요.

Ⓐ 환자 : 그건 잘 모르겠는데…

Ⓑ 치료자 : 우리가 이런 생각을 해보는 건 극단적인 생각이 현실보다 훨씬 더 나쁘게 느껴지기 때문이죠. 함께 현실적인 가능성도 생각해봅시다. 만약 이번 일이 실패로 돌아간다고 상상해보았을 때 모든 것이 망할 거라고 하셨는데 꼭 그럴까요? 현실적으로 또 어떤 가능성이 있을까요?

Ⓐ 환자 : 음… 떠올리기 쉽지는 않네요…

Ⓑ 치료자 : 그럴 수 있습니다. 떠올리기가 쉽지 않다면 만약 A 씨의 친구가 이번 일을 똑같이 실패했다고 했을 때 그들의 삶이 모두 망했다고 할 수 있을까요?

Ⓐ 환자 : 음… 그건 아닌 거 같아요. 또 친구에게 기회가 올 수도 있고 시도해 볼 수도 있겠죠.

Ⓑ 치료자 : 맞아요. A 씨도, 친구분도 포함해서 대부분의 사람들은 어떤 한 가지 일이 잘 안 된다 하더라도 그들의 앞으로의 시도가 모두 실패하는 것은 아닐 거에요. 누구나 인생에서 도전했다면 실패하는 일이 있을 수 밖에 없으니깐요. 그럼 A 씨가 이번 일을 잘 해내지 못했을 때 떠오르는 '앞으로 모든 것을 실패할 것이다'라는 생각을 보다 현실적인 생각으로 바꾸어 보고, 도전을 한 누구라도 실패할 수 있다는 사실을 인식한다면, 그 상황에 대처하는 방식이 어떻게 바뀔 수 있을까요?

Ⓐ 환자 : 만약 그렇게 생각이 바뀐다면, 아무래도 다시 취직 준비를 해보려고 할 수도 있겠죠.

회기를 마치며 치료자는 A에게 자신의 생각과 감정을 기록하고, 이를 분석하는 과제를 주었습니다. 이를 통해 A는 점점 자신의 인지 왜곡을 인지하고, 현실적인 자기 평가를 할 수 있게 되었으며 이러한 과정을 치료자 없이도 혼자 연습할 수 있게 되자 치료를 종결하였습니다.

| ③ IPT(Interpersonal psychotherapy)

IPT는 대인관계 치료로, 대인관계 문제가 우울증 발생에 영향을 미친다는 관점에서 출발합니다. 이 치료도 과거의 이야기는 하지 않습니다. 개인이 현재 겪는 대인관계문제를 파악하고, 해결을 위한 기술과 전략을 수립하여 대인관계문제가 우울증에 미치는 영향을 최소화하고, 환자의 대인관계 기술을 향상시켜 치료 효과를 극대화시키는 것을 목표로 합니다. 크게 애도, 대인관계갈등, 역할의 변화, 대인관계 결여의 4가지로 나누어 접근하며 일반적으로 한 번에 1시간 동안, 12~16회의 개별 세션으로 진행됩니다.

예를 들어 환자가 동료와의 갈등으로 스트레스를 받아 일상생활에 부정적 영향을 미쳐서 우울증을 유발하거나 악화할 수 있습니다.

ⓑ **치료자** : 지난 번 말씀하셨던 동료와의 갈등에 대해 좀 더 이야기해주시겠어요?

ⓐ **환자** : 네, 사실 그 일로 스트레스를 정말 많이 받고 있어요. 동료가 항상 제 의견을 무시하거나 비난하는 것 같아요.

ⓑ **치료자** : 그런 상황에서 어떤 감정을 느꼈나요?

ⓐ **환자** : 주로 화나고, 무시받는 것 같아서 힘들어요. 그리고 그런 일이 반복되니 제 자신을 의심하기 시작하더라고요.

Ⓑ **치료자** : 그런 감정이 들었다면 힘들었겠어요. 그런 상황에서 보통 어떻게 대응하시나요?

Ⓐ **환자** : 대부분 저는 그냥 묵묵히 참아요. 아무래도 그게 갈등을 피할 수 있는 방법 같아서요.

Ⓑ **치료자** : 그랬을 수 있겠네요. 그런데 한편으로는 자신의 의견을 표현하지 못해서 더한 스트레스를 느끼게 될 때도 있을 것 같아요. 혹시 다른 대처 방법에 대해서도 생각해 본 것이 있을까요?

Ⓐ **환자** : 음, 사실 그런 방법을 잘 모르겠어요.

Ⓑ **치료자** : 그럼 함께 모색해 봅시다. 의견을 표현할 때는 어떤 방식이 효과적일까요? 또, 동료의 비난적인 행동에 대처하는 데 어떤 전략이 도움이 될 수 있을까요?

Ⓐ **환자** : 다른 방법을 떠올리니 사실 많이 불안했어요. 그래도 그간 참아왔던 감정을 표현하는 것에 대해서 고민해 봤어요. 그리고 제 생각을 더 명확하게 표현해야겠다는 결심을 했어요.

Ⓑ **치료자** : 그렇게 결심하신 것은 중요한 단계입니다. 생각과 감정을 표현하는 것은 자신을 존중하고 타인에게도 당신의 의견을 알려주는 좋은 방법이에요. 그럼 어떻게 그것을 실천하려고 생각하는지 이야기해 볼까요?

Ⓐ **환자** : 음, 동료가 비난적인 행동을 할 때는 그것이 저에게 불편함을 준다는 것을 정중하게 말해보려고 해요.

Ⓑ **치료자** : 그렇게 계획하신 것은 좋아 보입니다. 실제로 그런 대화를 해볼 기회가 있었나요?

Ⓐ **환자** : 아직 그런 기회는 없었어요. 하지만 기회가 오면 제 생각을 표현해 볼 생각입니다.

ⓑ **치료자** : 이런 상황이 올 때 어떻게 대처할지에 대해 생각해 보
는 것은 큰 변화의 첫걸음이에요. 그리고 그 계획을 실천할 기
회가 올 때까지 지금처럼 준비해보는 것 자체도 의미가 있어요.

┃ ④ 분석치료

분석치료에는 크게 정신분석과 정신분석적 정신치료가 있습니다. 정
신분석은 주 4-5회, 회당 50분씩 진행되며, 정신분석적 정신치료는 주
1-3회, 회당 30-60분씩 진행됩니다. 분석치료는 증상의 완화보다 현재
겪고 있는 어려움의 무의식적인 이유를 스스로 찾고 현재에 끼치고 있는
영향을 깨달아 현재의 행동 및 관계 패턴 대신 새로운, 더 적응적인 행동
및 관계 패턴을 형성하게 돕습니다.

K 씨의 어머니는 명망 있는 교수였으나 양육을 위해 자신의 꿈을 포기하고
일찍 일을 그만 두었다. K 씨는 어머니만큼이나 학업에 성실히 임하여 저
명한 학술지에 많은 논문을 실었다. 어머니는 이러한 K 씨를 자랑스러워하
면서도 계속해서 학위 논문에 대해 지적을 하며 승승장구 하는 K 씨를 질
투했다. K 씨는 어느 날 좋은 대학의 교수 자리를 제안 받았으나 그 무렵부
터 어지럼증이 심해졌고 어떤 날에는 걷기조차 힘들었다. 그리하여 K 씨는
면접에도 참석하지 못했다.

이 사례에서 K 씨의 이야기를 들어보아야 알겠지만, K 씨는 자신의 성
공을 원하면서도 어머니가 그녀의 성과에 대해 지속적으로 비난하고 질투
하는 것을 볼 때, 자신의 성공이 어머니를 상처받게 하고 어머니와의 관
계를 해치는 것이 아닌지 두려워했을 수 있습니다. 그리하여 K 씨는 자신
이 교수자리에 오를 수 있는 기회를 얻는 것이 한편으로는 불안한 일이었

을 것이며 어지럼증으로 기회를 원천 차단함으로써 무의식적으로 갈등을 피하는 것일 수 있습니다.

분석치료를 통해 K 씨는 어머니와의 관계, 성공에 대한 복잡한 감정, 이러한 감정이 어지럼증에 어떻게 영향을 주는지를 이해하게 됨으로써 이전과 다른 선택을 하게 될 수 있습니다. 하지만 분석치료는 분석가가 직접 분석을 해서 '당신은 이러하다'라는 식으로 이야기를 해주는 것이 아니라 최소한의 개입을 하며 질문을 통해 스스로 자신의 행동의 이유를 깨달아가도록 도와주는 것이기 때문에 대개 수 년 이상의 많은 시간이 소요됩니다. 따라서 분석치료에 대한 동기가 강하고 장기간의 면담에 대해 비용을 지불할 수 있으며 스스로를 돌아볼 수 있는 능력이 어느 정도 있을 때 적합한 치료 방법입니다.

또한 분석치료 과정에서는 떠올리고 싶지 않은 감정들도 많이 연상될 수 있으므로 치료 초기에 불안이 심해질 수 있습니다. 그리하여 주요우울장애의 증상이 두드러지는 상태에서는 적절한 치료 방법이 아닐 수 있습니다. 다만 우울의 시작이 늘 특정한 행동이나 관계 패턴에서 비롯된다면 우울 증상이 어느 정도 완화 된 후 이러한 자신의 패턴이 어디에서 비롯되는지를 알아가기 위해 분석치료를 받을 수 있겠습니다.

| ⑤ 지지정신치료

대부분의 사람은 상담을 받을 때 치료사에게 위로를 받아 마음이 안정되길 바랍니다. 이런 종류의 상담은 '지지정신치료'라고 부르며 병원이나 클리닉에서 가장 자주 사용되는 방법 중 하나입니다. 어린 시절이나 내면의 심리, 대인관계의 복잡한 패턴을 탐구하는 분석치료와는 달리, 이 치료는 현재 일어나는 일에 초점을 맞춥니다. 치료사는 환자가 잠시나마 마음의 부담을 덜고 불안을 줄일 수 있도록 도움을 주며, 이미 잘하고 있는 대처 방식을 더 강화할 수 있도록 도와 어려움을 이겨낼 수 있게 합니다.

지지정신치료에서는 환자에게 제안과 조언을 제공할 수 있으며, 실직, 애도, 이혼 등의 급성 위기 상황에서 특히 유용하나 어떤 상황에서도 도움이 됩니다. 이 치료의 주된 목표는 증상을 나아지게 하고 문제에 더 잘 대처할 수 있게 하는 것입니다.

간단해 보이는 치료일 수 있지만, 치료사는 환자에게 전에는 경험하지 못한 지지적인 관계를 제공함으로써 교정적인 감정 경험을 가능하게 합니다. 이러한 접근은 실제로 큰 치료적 효과를 발휘할 수 있습니다. 이 치료에는 고정된 기간이 정해져 있지 않아, 단 한 차례의 세션으로도 진행될 수 있고, 일주일에 한 번 혹은 그 이하의 빈도로도 이루어질 수 있습니다.

Q&A 상담치료

Q1 **조언을 얻고 싶어 상담치료를 받고 있는데, 별 말씀을 안 하세요…**

상담을 받을 때, 치료사가 구체적인 해결책이나 조언을 제시하지 않을 수 있습니다. 불만족스러울 수 있지만 이런 치료사의 접근 방식에는 이유가 있습니다. 환자가 이미 알고 있거나 깨달을 수 있는 문제에 대해 치료사가 직접적인 조언을 하면, 환자는 치료사의 조언을 따르려고 과도한 노력을 하거나, 못 따랐을 때 부담감을 느낄 수 있습니다. 치료사의 조언이 도움이 되지 않는다고 느낀 환자는 자신이 이해받지 못하는 것 같은 느낌을 가질 수도 있습니다.

저 역시 처음에는 환자의 문제를 빨리 해결하려고 여러 해결책과 조언을 제시했습니다. 이는 단기적으로는 도움이 될 수 있지만, 장기적으로는 반드시 좋은 결과를 가져오지는 않습니다. 때때로, 치료사가 조언하는 것은 환자를 돕기 위한 것이라기보다는 자신의 불안을 진정시키려는 의도일 수 있습니다. 이 사실을 깨달은 후로는 조언하기 전에 잠시 생각하는 시간을 갖고, 환자가 스스로 해결책을 찾도록 도와주는 데 집중하게 되었습니다.

그러니 치료사가 해결책을 제시하지 않는다고 해서 잘못되고 있는 것은 아닙니다. 환자가 자신의 생각과 감정을 나누는 것이 치료에 더 도움이 될 수 있습니다. 이 과정으로 환자는 자신의 문제를 더 깊이 이해하고, 스스로 해결책을 찾으며 자기 통제력을 키울 수 있습니다. 치료사의 목표는 환자의 고통과 문제를 해결하는 데 도움을 주는 것인데, 조언이 항상 최선의 해결책은 아닙니다. 치료사의 역할은 환자를 이해하고, 그들이 스스로 문제를 이해하고 해결할 수 있도록 돕는 안전한 공간을 제공하는 것입니다.

Q2 상담치료는 구체적으로 어떤 효과가 있나요?

많은 연구에서 약물치료와 상담치료가 우울증 치료에 효과적임이 입증되었습니다. 상담치료는 인간관계 개선, 부정적인 사고 방식의 변화, 문제해결능력 강화, 그리고 자기 효능감 증가를 통해 우울증 증상의 완화와 재발 예방에 큰 도움을 줍니다. 이외에도 상담치료가 뇌 기능에도 긍정적인 영향을 끼친다는 여러 연구 결과들이 있습니다. 2017년 연구에 따르면, 인지행동치료는 우리의 감정을 조절하는 뇌 부위인 '편도'와 생각하고 문제를 해결하는데 중요한 '전두두정엽' 사이의 연결을 더 강하게 만들어줍니다. 이로 인해 우울증 환자들이 감정을 더 잘 알아차리고 다스릴 수 있게 도와줍니다. 또 다른 연구에서는 이 치료가 '전두엽'의 연결을 개선하여 우울증 환자들이 자기 자신을 더 잘 조절하고, 주의력을 높이며, 문제를 더 잘 해결할 수 있게 한다고 합니다.

| ⑥ 경두개자기자극치료 TMS(Transcranial Magnetic Stimulation)

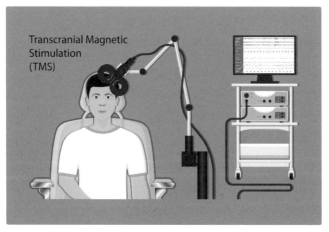

▲ TMS 그림

TMS는 말그대로 두피 위에 코일이 내장된 작은 자석 장치를 두고, 코일에서 생성한 자기장으로 뇌를 활성화시키는 치료입니다. 이 치료에서 환자는 의자에 편하게 앉아서 뒤로 기대게 됩니다. 머리 위에는 작은 자석 장치를 놓는데, 여기에 전기를 통해 뇌에 영향을 줄 수 있는 자기장을 만듭니다. 자기장은 뇌의 특정 부분(등쪽가쪽부위전전두엽, dorsolateral prefrontalcortex, DLPFC)에 전류를 유도하며 이 부위를 매일 자극하면 여러 뇌 회로가 활성화되어 항우울 효과를 가져옵니다. 또한, 뇌의 일부 영역이 자극을 받아 우울증에 도움이 되는 신경전달물질이 분비됩니다.

TMS는 항우울제와 다른 작용 메커니즘을 가지므로 항우울제에 충분히 반응하지 않는 환자에게도 효과가 있을 수 있습니다. 그리고 TMS의 모든 효과는 뇌 내에서 일어나므로 구역, 오심, 체중 감소, 혈압 변화, 성기능 저하 등의 항우울제 부작용이 없습니다. 따라서 항우울제 부작용이 심하거나 효과가 미미한 경우에 TMS는 적절한 선택이 될 수 있습니다. 약물치료에 효과를 보이지 않은 우울증 환자의 5-60%가 TMS에 반응한다는 연구결과도 있습니다.

비교적 안전하며 부작용이 적은 치료방법이지만 이 역시도 다른 치료처럼 모든 환자에게 효과가 있는 것은 아니며 치료 중 일시적인 두통, 두피 불편감, 어지러움, 얼굴 근육 경련 등의 일시적(1주일 이내) 부작용이 발생할 수 있습니다. 약 20-30분간 치료가 이루어지며 일주일에 5회, 총 4-6주 동안 진행될 수 있습니다. 물론 환자의 상태에 따라 결정됩니다.

TMS는 자기장을 이용해 치료하는 것이기에 몸 속에 페이스메이커, ICD, VNS 등이 있거나 간질 위험, 두부 외상 과거력, 심각한 신경학적 질환 등이 있는 환자는 사용할 수 없습니다. 반드시 TMS 치료를 받기 전에 고려해야 합니다.

| ⑦ 에스케타민치료

에스케타민은 케타민(Ketamine)의 성분 중 일부를 추출하여 만든 약물로, 초기에는 진정 및 마취제로 사용되었습니다. 그러나 여러 연구로 적어도 두 가지 이상의 다른 항우울제에 충분히 반응하지 않는 우울증 또는 자살 생각이나 행동이 있는 주요우울장애 환자에게 효과가 있음이 입증되었습니다. 기존의 항우울제는 약을 최소 2주 이상 꾸준히 복용해야 뇌의 세로토닌, 도파민, 노르에피네프린 수용체에 유의미한 변화를 일으키는데 반해, 에스케타민은 경구 투약이 아니라 코에 스프레이 형태로 투여되므로 바로 뇌로 전달되어 빠른 효과를 나타냅니다. 투약 24시간 이내에 기분 변화를 보고하는 경우도 있습니다.

치료 스케줄은 첫 번째 달에 주 2회, 두 번째 달에 주 1회, 그 후 4-6개월 동안에는 1-2주에 1회로 권장됩니다. 그러나 아직 건강보험 적용이 되지 않아 한 번 투약에 수십만 원의 비용이 발생하는 것이 가장 큰 제한 요인입니다. 시각이나 감각이 왜곡되는 해리 증상이 발생하거나 구역질을 느낄 수도 있지만, 투약 후 병원에서 약 2시간 동안 안정을 취하게 되므로 부작용에 대한 대처가 가능합니다. 투약을 계속하면 부작용도 줄어들게 됩니다. 그러나 혈압이나 뇌압이 상승할 위험이 있으므로, 뇌혈관 또는 심혈관 수술을 받은 환자는 에스케타민을 사용할 수 없습니다. 오랜 시간 우울증을 겪었던 환자들 중 에스케타민 치료를 받은 이후 처음으로 마음이 편안하게 느껴진다고 보고하기도 합니다.

정해진 스케줄에 따라 치료를 받는다면 의존성이 발생하지는 않습니다. 그러나 과거에 약물 남용 또는 의존성 문제가 있었던 분들은 에스케타민에 대한 남용 또는 의존성 위험이 증가할 수 있으므로 약물 남용 위험을 철저히 평가하고 치료를 시작해야 합니다.

스스로 시도해 볼 수 있는 방법

몸을 움직이세요. 우울증이 있으면 본인에 대한 무가치감이 더 크게 느껴질 수 있습니다. 때로는 작동하지 않는 고장 난 물건처럼 느껴질 수 있습니다. 하지만 몸을 움직이면 신체 각 부위가 여전히 기능하고 있다는 사실을 상기하게 됩니다. 대단한 운동이 필요한 게 아닙니다. 에너지가 많이 없다면 누워서 팔다리를 떨거나 간단한 스트레칭을 해볼 수 있습니다.

행동 활성화. 어느 정도 몸을 움직일 수 있게 됐다면 조금씩 행동을 늘려볼 수 있습니다. 우울증이 있으면 보상을 주는 활동을 잘 하지 않게 되고, 이게 다시 생각과 감정에 영향을 주게 됩니다. 그러니 즐거운 활동의 빈도와 질을 높이는 것이 중요합니다. 이를 행동 활성화라고 하며 인지행동치료의 한 부분입니다.

우울증이 있는 상태에서는 행동해야 하는 동기를 찾기 어려우니 '일단 그냥 해보자'는 태도로 시작하는 것이 중요합니다. 긍정적인 활동을 찾는 것 또한 어려운 일이어서, 우울증이 생기기 전의 일상을 되짚어보며 가능한 활동을 찾아보는 것이 도움이 됩니다. 운동을 좋아했다면 유사한 물리적인 활동을 시도해 볼 수 있고, 예술을 좋아했다면 예술 활동을 시도해 보는 것입니다. 활동을 정할 때는 구체적이고 측정 가능한 것이 좋습니다. 시작 단계에서는 쉬운 활동을 선택하는 것이 중요합니다.

에너지 수준이 매우 낮다면 원래는 쉽게 했던 일조차도 어렵게 느껴질 수 있습니다. 그러니 처음에는 평소 활동 수준의 1/10 정도로 낮추어서 시작해보세요. 조금씩 난이도를 높이며 성취감을 얻는 게 좋습니다. 운동을 하기로 결정했다면, 헬스장에서 한 시간 근력 운동을 하겠다는 목표보다는 방 안에서 가볍게 3분 정도 스트레칭이나 팔굽혀펴기를 할 수 있습니다. 이것도 어렵다면 집 안을 몇 바퀴 걸어보거나 10분간의 산책을 나

가볼 수 있습니다. 이 모든 것들이 어렵다면 현관문을 열고 1분만 밖에 나가 보기와 같이 더 낮은 단계의 활동을 시작해보세요.

기억해야 할 것은, 각 개인에게 맞는 활동은 모두 다르기에 목록에 없는 활동이라도 당사자에게 도움이 된다면 괜찮습니다. 거창한 활동은 오히려 좌절감만 줄 수 있으므로 금기입니다. 아래는 참고할 만한 활동의 예시입니다.

| 시도해 볼 수 있는 활동 목록

- **가벼운 스트레칭** : 거창한 요가가 아니어도 충분합니다.
- **음악 듣기** : 큰 에너지를 쓰지 않고 마음을 편안하게 하는 활동입니다.
- **방 정리** : 대청소가 아니라 책상정리, 침구정리, 서랍정리 등으로 공간을 나누어 작은 단위로 시도하는 것이 좋습니다.
- **퍼즐 맞추기** : 퍼즐이 완성되었을 때 성취감을 느낄 수 있습니다.
- **걷기** : 멀지 않다면 대중교통 대신 걷는 것을 선택해 볼 수 있습니다.
- **가벼운 요리** : 평소 요리를 즐겨했다면 간단한 요리를 시도해 볼 수 있습니다. 음식을 만드는 즐거움을 느낍니다.
- **색칠하기** : 아주 간단한 활동으로 스트레스를 줄이며 마음을 안정화할 수 있습니다.
- **느린 호흡 연습** : 깊은 숨을 들이마시고 천천히 내쉬며 느린 호흡 연습을 하면 뇌의 활동을 안정화할 수 있습니다.
- **대화하기** : 가까운 지인, 가족 등과 대화를 하면 스트레스를 줄이고 사회적 연결성을 높일 수 있으며, 더 나은 기분을 느낄 수 있습니다.

여기 그리고 지금에 집중하는 마음챙김. 우리의 마음이 과거에 머무르면 계속해서 과거를 돌아보며 후회하고 자책합니다. 반면 미래에 집중해도 불확실한 것이기에 불안감이 계속 커질 겁니다. 당신은 과거에 머무르는 편인가요? 미래에 초점을 맞추는 편인가요? 다시 여기, 그리고 지금 이 순간에 집중하려면 어디에 초점을 맞추고 있는지 알아야 합니다. 그러고서는 주의를 현재로 다시 돌려야 합니다.

이를 실천할 수 있는 방법 중 하나가 마음챙김(Mindfulness)입니다. 현재의 순간에 정신을 집중하고, 판단하지 않고 있는 그대로 관찰하는 것을 말합니다. 비유하자면 마치 구름을 바라보는 것과 같습니다. 구름은 그저 지나가는 현상일 뿐, 우리의 마음은 구름을 평가하거나 판단하지 않습니다.

마음챙김의 실천 방법은 여러 가지가 있습니다. 하나는 호흡에 집중하는 것입니다. 호흡에 깊이 몰입하면 마음을 현재 순간에만 집중할 수 있습니다. 강물에 떠내려가는 나뭇잎을 바라보는 것처럼 호흡도 그저 지나가는 것일 뿐, 우리의 마음은 호흡을 평가하거나 판단하지 않습니다.

간단한 연습방법 2가지를 소개하겠습니다. 어디서나 언제든지 시도해 볼 수 있습니다.

첫 번째 방법

편안한 자세를 취하고, 눈을 감거나 응시할 곳을 찾습니다.

깊이 숨을 들이마신 뒤, 천천히 숨을 내쉽니다.

호흡에 집중하며, 들이마시는 숨과 내쉬는 숨의 흐름을 느껴보세요.

마음이 떠돌아다닐 때마다, 다시 호흡에 집중하도록 합니다.

이 과정을 몇 분 동안 반복하되, 시간에 얽매이지 않고 자연스럽게 연습해 보세요.

두 번째 방법

차 한잔을 준비하고, 편안한 자세를 취하세요.

차의 온도, 색깔, 냄새에 집중하세요.

천천히 한 모금씩 차를 마시며, 차가 목구멍을 지나가는 것을 느껴보세요.

다른 생각이 떠오른다면, 그것을 인식하되, 다시 차에 집중하도록 합니다.

차를 마시는 현재를 즐기며, 아무런 판단이나 평가 없이 경험하세요.

이렇게 간단한 일상 활동을 통해 마음챙김을 연습할 수 있습니다. 마음챙김 연습은 처음에는 어색하거나 어려울 수 있지만, 꾸준한 연습을 통해 점차 익숙해지게 됩니다. 이 연습으로 삶의 순간순간에 집중하는 것에도 더욱 익숙해질 수 있습니다.

물론 연습을 해보면 끊임 없이 과거의 기억이나 다른 생각들이 떠올라서 주의가 흐트러지는 것을 느끼게 될 것입니다. 하지만 괜찮습니다. 지극히 자연스러운 현상이며 과거의 기억이 자꾸 떠올라도 마치 강가에 서서 강물이 흘러가는 것을 지켜보고 있는 것처럼 그냥 흘러가게 내버려 두세요. 일부러 그 생각을 하지 않으려고 노력하지도 말고, 일부러 더 좋은 기억을 떠올리려고 애쓰지도 말고 그저 지켜보기만 하세요. 그러면 시간이 지날수록 그 순간에 연결되어 있는 감정이 점차 약해지게 됩니다.

이런 마음가짐이 필요합니다

의지력만으로는 해결되지 않습니다. 의지로 해결해보려는 시도는 때로 상황을 악화시킬 수 있습니다. 수영을 못하는 사람이 깊은 물에 빠져버린 상황을 생각해보세요. 물에서 나오려고 힘차게 허우적대면 오히려 더 많은 물을 마시고 산소는 부족해지며 힘이 빠져 더 위험해질 것입니다. 이런 상황에서는 오히려 힘을 빼고 가만히 있으면 물 위로 떠올라 구조될 확률이 더 높아집니다. 이처럼 때로는 의지를 갖고 강하게 벗어나려는 노력이 오히려 침잠하게 만들 수 있습니다. 감기처럼 며칠이면 나아지는 급성질환과는 달리 회복에 어느 정도 시간이 걸리는 만성질환을 겪고 있다면, 이 상태가 어느 정도 지속될 수 있다는 것을 인정하고 과도한 의지를 내는 것을 경계해야 합니다.

힘을 내지 않아도 괜찮습니다. 지금은 에너지를 비축해야 할 때입니다. 일상에서 의사 결정하는 일을 최대한 줄이는 것이 좋습니다. 의사결정은 에너지를 상당히 많이 소모하는 행위입니다. 너무 많은 자극은 뇌의 활동을 촉진하며 지치게 만듭니다. 여러 연구에 따르면, 선택지가 많을수록 스트레스를 유발하고, 이는 우울증을 유발할 수 있습니다. 특히나 많은 선택지 중에서 최상의 선택을 하려는 사람들이 우울증에 걸릴 위험이 더 크다는 이야기도 있습니다. 에너지가 부족할 때에는 일상 루틴을 유지하며 선택을 줄이는 것이 좋습니다. 무기력을 이겨내려고 너무 애쓰지 마세요. 우울증이 있을 때에는 힘을 아끼는 것이 중요합니다.

힘을 내지 않아도 느낄 수는 있습니다. 사람마다 자신을 편안하게 하는 감각이 있습니다. 아름다운 바다를 보거나 푸른 나무를 바라보는 것, 클래식 음악을 듣거나 새의 소리를 듣는 것 등 시각적이나 청각적인 자극이 위안이 될 수 있습니다. 또한 특정한 향이나 맛, 부드러운 촉각이 안정감을 줄 수도 있습니다. 괴로운 마음이 든다면 스스로를 편안하게 만드는 감각을 찾아 그것에 집중해 보세요. 특정한 감각을 찾지 못했다면 주변을 둘러보며 무엇이 보이고 들리는지 등의 다양한 감각 자극을 찾아 보는 것도 좋습니다.

생각하는 것보다 나 자신은 훨씬 더 강합니다. 좌절을 느끼면 분노하기도 하지만 반대로 무기력해지기도 하며 반복된 좌절은 우울증으로 이어질 수 있습니다. '학습된 무기력'이라고 들어보셨나요? 이는 통제할 수 없는 상황에 대한 경험이 무기력을 유도하는 방식을 보여주는 유명한 실험에서 나왔습니다. 차단벽에 의해 분리된 2개의 방에서 한 쪽 쥐는 금속판을 통해 자신의 발에 전달되는 전기충격을 피하기 위해 반대편 방으로 피하도록 학습하였습니다. 하지만 다른 실험에서는 전기충격을 어떻게 해도 피할 수 없도록 하는 환경에 놓이게 했는데, 이러한 쥐는 피할 수 있는 새로운 환경으로 이동한 후에도 그 자리에 가만히 앉아서 전기충격을 피하지 않았습니다. 이전 경험으로 전기충격을 피하는 게 무의미하다는 사실을 학습하여 새로운 상황에서도 그와 같은 시도를 포기하게 되는 것입니다.

우리 인간도 마찬가지입니다. 과거 어려운 상황을 극복하지 못한 경험을 통해 새로운 도전을 할 능력이 없다고 믿게 될 수 있습니다. 가정폭력이나 학대를 멈추기 위해 여러 차례 시도했으나 실패했다면 벗어나기 위한 어떠한 시도도 하지 않게 되거나, 시험에 몇 차례 떨어진 후 어떠한 노력에도 합격할 수 없을 것이라고 학습하게 되어 공부를 아예 포기하게 되는 상황 등이 여기에 해당합니다. 그러나 이는 우리가 능력이 없다기보다 시도를 멈춘 것일 뿐입니다. 사실 우리 자신은 자신이 생각하는 것보다 훨씬 더 강한 존재입니다.

모든 감정은 그 자체로 타당하며, 항상 이유가 있습니다. 감정을 완전히 없애려는 시도는 건강하지 않습니다. 감정은 우리가 인간으로서 가지는 자연스러우며 중요한 부분이며, 우리의 경험을 이해하는 데 도움을 주는 신호입니다. 따라서 감정을 좋다 나쁘다로 판단하기보다는 그 감정에는 이유가 있다는 것을 인지하는 것이 중요합니다. 하지만 감정에 압도되는 경우라면 대처하는 방법을 찾아야 합니다. 이러한 감정을 신뢰할 수 있는 사람 혹은 치료자와 공유하거나 글로 써 보는 것도 좋습니다. 말이든 글이든 감정을 표현해보며 자신의 감정을 인지하는 것 자체가 매우 중요합니다. 자신의 감정을 인지하는 순간, 그 감정은 부정적인 것이 아닌 자신을 이해하기 위한 신호가 될 수 있습니다.

누군가는 당신을 필요로 합니다. 우리가 무용지물이라는 느낌을 받으면 삶의 의미가 사라질 수 있습니다. 한 사례를 들어보겠습니다.

중년 남성 A 씨는 직장에서 스트레스를 많이 받아 우울감에 시달렸습니다. 하루하루 지치고 무기력한 기분이 이어졌고, 주변 사람들과의 관계도 멀어져 갔습니다. 어느 날, 친구의 추천으로 어린이 병원에서 봉사활동을 시작했습니다. 매주 몇 시간씩 아이들과 함께 놀며 이야기를 나누었습니다. 처음에는 그저 시간을 보내기 위한 일이었지만, 점차 아이들이 자신을 기다리는 눈빛을 발견했습니다. 봉사활동을 여러 주 가다 보니 무가치하다고 생각했던 자신이 누군가에게 도움을 줄 수 있는 존재라는 생각이 문득 들었습니다. 도움을 주러 갔다고만 생각했는데 아이러니하게도 A 씨는 아이들을 도우며 스스로도 삶의 의미를 찾게 되는 도움을 받았습니다.

언제나 세상에는 당신을 필요로 하는 곳이 있습니다. 당신이 무가치한 존재라는 느낌이 든다면, 단지 아직 그런 곳을 발견하지 못했을 뿐입니다. 발견하기 어려울 수 있지만, 포기하지 말고 계속해서 찾아보세요. 그러면 결국 당신의 가치를 인정하고 당신을 필요로 하는 곳을 발견할 수 있을 것입니다.

Chapter 2 사례 2 화병:
속에서 천불이 나고
가슴이 터질 것처럼 답답해요

L 씨는 51세의 여성으로 20대 초반에 시집을 가서 시댁에서 자녀들을 키우며 가사일에 치여온 시간이 길었습니다. 시집살이의 과정에서 시어머니에게 알 수 없는 이유로 지속되는 꾸짖음을 들었고 이에 대해 힘듦을 토로하면 남편은 그 정도도 견디지 못하냐며 오히려 L 씨의 탓을 해왔습니다. L 씨는 억울하거나 화가 나는 일이 있어도 누구에게도 자신의 감정을 표현하기가 어려웠으며, 남편과 자녀를 위해 힘써 살아온 자신을 돌아보니 이때까지 무엇을 위해 이렇게 살았나 라는 생각과 동시에 자괴감이 들었습니다. 이러한 상황이 오랜 기간 지속되자 L 씨는 가슴이 답답하거나 열이 올라오는 등의 신체증상으로 잠에 쉽게 들지도 못하였으며 사소한 일에도 울분이 터지고 화가 나는 일이 점차 잦아졌습니다.

1994년에 출판된 〈정신장애의 진단 및 통계편람 4판〉에서 미국정신의학회는 화병을 'hwa-byung'이라는 용어로 한국인의 문화 관련 증후군으로 분류하였습니다. 그러나 현재 사용되는 〈정신장애의 진단 및 통계편람 5판〉에서는 이 증상 자체가 다른 질병과 군이 분리하여 특수하게 다뤄야 할 필요가 없다고 판단하여 진단명에서 삭제되었습니다. 이러한 변경에도 불구하고 화병은 우울증이나 불안장애와는 다르게 발현되는 점이 분명 있어 별도로 다룰 필요가 있습니다. 일반 인구 중 약 3-5%가 화병에 해당되며, 외래 환자 중에는 20-30%가 화병으로 진단되는 것으로 알려져 있습니다. 부정적인 감정을 표현하지 못하게 되어 억눌려온 감정이 화병의 원인이 될 수 있으며 유교문화의 영향, 집단주의, 사회적 위계, 전통적 가족 구조 등의 여러 사회문화적 요인들로 인해 한국에서는 감정 표현을 억제하는 것이 미덕으로 여겨지는 경향이 있습니다. 이러한 상황에서 부정적인 감정, 특히 분노가 해소되지 못하면 화병의 증상으로 나타나게 됩니다.

화병은 심리적 증상과 신체적 증상이 함께 나타납니다. 신체증상으로는 가슴 답답함, 열감, 치밀어 오름, 목이나 명치에 덩어리가 뭉친 느낌 등이 나타나고 심리적으로는 억울하고 분한 감정, 마음의 응어리나 한(恨)을 가지게 됩니다. 화병 환자들은 대체로 참는 성격이며, 오랜 시간 동안 혼자서 감정을 참아내다 보면 화병이 악화되고 만성화 될 수 있습니다. 이 과정은 평균적으로 약 10년이 걸립니다. 하지만 화병이 발견되고 적절한 치료를 받게 되면 대부분의 환자들이 잘 회복하는 것으로 알려져 있습니다.

화병을 오래 방치하면 우울장애, 공황장애 등 다른 정신 질환으로 이어질 수 있습니다. 오랜 기간의 분노가 스트레스 호르몬을 분비하여 면역기능을 떨어뜨려 심장병, 고혈압, 고지혈증, 당뇨병, 위장병 등의 발병 가능성도 높입니다. 화병 환자 중 분노가 많은 사람일수록 심혈관계장애가 심해진다는 연구결과도 있습니다.

화병 진단기준

화병이 하나의 독립된 병명이 될 수 있는지에 따른 견해 차이로 아직 명확히 확립된 화병의 진단기준은 없으나 정신건강의학과 의학 연구에 사용되는 연구용 화병 진단기준은 다음과 같습니다.

Ⓐ 분노를 유발하는 사건에 노출되었으나 분노를 억제해야 했거나 조절하기 어려워 부분적으로 표현된 적이 있음

Ⓑ 화병 특이적인 혹은 관련된 신체적 또는 행동적 증상의 존재

  • 화병 특이적 신체적 또는 행동적 증상 중 3가지 이상 해당

  ☐ 주관적 분노   ☐ 울분

  ☐ 분노의 외적 표현   ☐ 열감

  ☐ 적대감   ☐ 한

  • 화병 관련 신체적 또는 행동적 증상 중 4가지 이상 해당

  ☐ 가슴에서 치밀어 오르는 느낌   ☐ 상복부 응어리

  ☐ 숨쉬기 답답함   ☐ 두근거림

  ☐ 입마름   ☐ 한숨

  ☐ 잡념   ☐ 하소연 많음

Ⓒ 분노 및 관련 증상이 사회적, 직업적, 또는 기타 중요한 영역에서 임상적으로 상당한 고통 또는 장애를 유발함

Ⓓ 장애는 물질 또는 일반적인 물질의 직접적인 생리적 영향에 의한 것이 아니며 다른 정신 질환에 의해 더 잘 설명되지 않는 의학적 상태여야 한다.

병의 발현 이유

화병은 간단히 말하면 화를 오랜 기간 참아서 생기는 병입니다. 특히 한국의 중년 여성들에게 흔하게 나타나는데, 이는 한국 사회에서 여성들이 주부, 아내, 어머니로서의 큰 책임과 강한 가족애를 요구받다 보니 분노를 표현하는 데 있어 내적 갈등을 느낄 수 있기 때문입니다. 중년 남성들도 가족 내에서의 역할에 대한 압박을 느끼고, 고부갈등을 해결하려고 애쓰는 과정에서 양쪽 모두에게 인정받지 못하고 억울함이 쌓여 화병으로 발현되기도 합니다. 연구에 따르면 남편의 외도 및 학대, 시댁문제, 자신 또는 가족의 질병, 자녀문제가 화병에 유의하게 영향을 미쳤다고 보고되어 있습니다. 이처럼 화병의 유발요인으로는 배우자, 시어머니, 며느리, 자녀 등의 의미 있는 관계에서 발생한 사건들이 주를 이룹니다.

특정 사람이 화를 잘 참지 못하는 것이 아니라, 누구나 참는 데는 한계가 있습니다. 마음속에는 분노를 쌓는 풍선 같은 것이 있다고 생각하면 됩니다. 처음 몇 번은 '내가 참으면 문제 없이 넘어갈 수 있을 것'이라는 생각으로 참는 것이 가능합니다. 그러나 그런 상황이 수십 번 반복되면 동일한 상황에서도 감정 조절이 어려워집니다. 풍선에 계속 공기를 넣으면 결국 터지듯이, 누구보다 잘 참는 성격으로 인해 분노를 너무 많이 쌓았다면 결국은 분출될 수밖에 없습니다. 따라서 분노가 일시적으로 가라앉더라도 분노를 참는 습관이 계속된다면, 화병은 다시 발생하게 됩니다.

전문가가 주는 도움

일부 환자들은 정신건강의학과가 아닌 다른 과에 내원하여 주로 신체적 증상만을 호소하곤 합니다. 이로 인해 열감, 홍조, 두근거림 등의 신체증상이 갱년기 증상으로 오해되어 호르몬 치료를 받는 경우도 있습니다. 따라서 정확한 진단이 중요하며, 화병으로 진단된 경우에는 치료가 종합적으로 이루어져야 합니다.

① 지지적 정신치료

화병은 의사가 환자의 하소연을 주의 깊게 들어주는 것만으로도 고통이 경감될 수 있습니다. 의사는 환자의 하소연을 제지하지 않고 공감해주며 환자가 자신의 분노와 억울함을 이야기할 수 있도록 충분히 기다려줍니다. 또한 환자가 이제껏 참고 살아온 것에 대해 인정해주고 분노에 적절히 대처할 수 있는 대안을 찾을 수 있도록 지지하고 격려합니다.

② 부부치료 혹은 가족치료

화병치료는 가족의 이해와 배려가 치료사의 도움보다 중요할 수 있습니다. 병을 유발하는 요인이 배우자, 자녀, 시부모 등 가족구성원일 수 있기 때문입니다. 하지만 그런 만큼 이들의 치료 참여가 제한될 수도 있습니다.

③ 인지행동치료

분노에 영향을 주는 생각과 신체 반응을 조절하는 훈련을 합니다. 환자는 자신이 화를 내는 상황을 기록하며, 분노에 영향을 주는 재앙화 사고, 과잉 일반화, 과도한 기대나 요구 등의 인지 왜곡을 발견하고 수정하게 됩니다. 덜 공격적인 대응 방법을 찾는 것도 중요합니다. 화가 날 때면 호흡이 빨라지는데, 의도적으로 호흡을 천천히 깊게 쉬면 도움이 될 수 있습니다. 이처럼 심호흡이나 근육 이완으로 분노를 조절할 수 있습니다.

④ 약물치료

화병의 약물치료는 아직 체계적인 연구가 부족하지만, 일부 연구에서는 증상에 대응하는 약물치료가 유효할 수 있다고 합니다. 예를 들어 SSRI는 분노 발작과 공격행동을 관리하는데 효과적이라 알려져 있으며 열감, 홍조, 두근거림 등의 신체증상에 대해서는 베타 블로커를 사용하는 게 좋습니다. 환자가 통증을 호소할 경우 진통제로 증상을 관리할 수 있습니다.

이렇듯 화병의 치료는 다양한 방법이 조합되어 이루어져야 합니다. 그리고 환자의 상황과 증상과 반응에 따라 맞춤화되어야 합니다.

스스로 시도해 볼 수 있는 방법

최근 과거와 달리 사소한 일로 화를 자주 낸다며 분노조절장애는 아닌지 걱정하며 내원하는 분들이 많습니다. 예를 들면 평소와 달리 빨간 신호가 몇 번 걸리는 것만으로도 분노를 느낀다고 하십니다. 진짜로 이런 사소한 일이 분노의 원인일까요? 상황에 비해 과도하게 화를 내고 있다면, 이전에 어디선가 큰 분노를 참았다는 증거입니다. 부부싸움도 결국 치약을 중간에서 짜냐 끝에서 짜냐 같은 사소한 이유로 시작되지만, 치약은 단지 마지막에 폭발한 계기였을 뿐, 그 전에 다른 이유들이 쌓여왔던 것입니다.

화를 표현했어야 하는 상황에 그러지 못했거나, 화를 표현하는 자신이 부끄러워 인정하지 못했거나 등의 이유로 스스로 화를 참게 됐을 가능성이 큽니다. 스스로도 화가 났다는 사실을 인지 못하게 되면, 사람이 수용할 수 있는 화의 한계를 넘어서 엉뚱한 곳에서 폭발하게 됩니다.

① 분노를 인식하고 인정하기

사소한 일에 화를 내고 있는 자신을 발견했다면 이미 첫 단계를 성공적으로 밟은 것입니다. 이때 '내가 이렇게 화를 못 참나? 성격이 이상한가?'라며 자신을 비난하기보다 '내가 그간 많이 참았구나. 화를 참는다고 고생했구나. 그렇다면 어디서 그렇게 화가 났을까?'라고 자신에게 묻는 것이 중요합니다. 화를 안 내는 사람은 있어도, 화가 안 생기는 사람은 없습니다.

② 화의 원인 파악하기

화가 나는 상황이 무엇인지, 어떤 사람의 어떤 태도가 화를 불러일으키는지, 그 상황이 얼마나 큰지, 얼마나 오래되었는지, 마음에 어떤 영향을 주고 있는지를 잘 들여다보세요. 사람들은 의외로 자신이 진짜 화가 난 이유를 모르고 지나가는 경우가 많습니다. 스스로 화가 난 진짜 이유를 깨닫는 것만으로도 자신의 감정에 대한 통제감을 느낄 수 있습니다.

③ 화가 난 스스로를 이해하기

화가 나면 우리는 종종 '이 사람이 왜 이럴까?'하며 상대를 부정적으로 생각하게 됩니다. 예를 들면 '진짜 이기적이다' '생각이 없는 거야?' 같은 생각입니다. 하지만 화를 내지 않고 잠시 멈춰서 '왜 이렇게 화가 나지?' '내가 원하는 게 뭐지' '왜 그런 것을 원했지' '내가 무엇을 요구하고 싶지' '이전에도 비슷한 일로 화가 났던 적이 있나?' 등을 생각해 보세요. 만약 '내가 정말 화가 났구나. 그 사람이 나를 얼마나 소중하게 여기지 않는지 생각하니 서운하고, 내가 그 상황이었다면 다르게 했을 텐데…그 사람에게 좀 더 소중한 존재였으면 싶었어' 같은 식으로 생각이 흘러간다면, 자신의 감정을 잘 이해하고 있는 겁니다. 화가 날 때는 상대방이 아닌 스스로를 이해하는 것이 먼저입니다.

④ 적절한 분노 대처 방법을 선택하기

화가 난 것 자체는 나쁜 게 아닙니다. 하지만 화를 격하게 표현하면, 화를 내는 사람에게 손해가 될 수 있습니다. 화를 내면 에너지가 소진될뿐더러 사람들은 화난 이유보다 화를 낸 사람의 예민함에만 집중하게 됩니다. 그래서 화가 난 사람은 매우 억울할 수 있습니다. 스스로를 위해서라도 인식하지 못한 화가 행동으로 터져 나오는 것은 주의해야 합니다. 자기도 모르게 다리를 떨다가도 알아차린 후에는 멈추거나 계속 떨 것인지 결정할 수 있는 것처럼, 화가 났을 때도 스스로의 화를 인식하면 어떻게 다룰 것인지 결정할 수 있습니다. 예를 들어 배우자에게 화가 난다면, 그 자리를 떠나서 '아내가 나를 무시하는 것 같아서 내가 화가 났구나. 누구라도 화가 날 만해. 이런 상황이 반복되는 것이 나는 너무 힘들어'라고 자신의 화가 난 마음을 충분히 존중해 주어야 합니다. 그리고 어떻게 대응할지를 결정합니다. 어떻게 하는 것이 자신에게 제일 도움이 될지를 떠올려보고 화를 낼 상황이라면 어떻게 상대에게 이야기할지를 생각해 보세요. 화를 표현하기로 결정했다면, 상대방이 이해할 거라고 기대하지 말고 자신의 감정을 잘 전달하는 것에 집중하세요. 상대방이 이해하지 못한다고 해서 당신의 감정이 틀린 것이 아닙니다. 다른 방법으로는 분노의 감정을 종이에 적어보는 것도 도움이 될 수 있습니다.

가족이 할 일

화병을 치료할 때, 주변 사람들의 지지가 있으면 회복이 더 잘 됩니다. 하지만 많은 경우 화병을 일으키는 원인이 환자의 가족이라서 서로 지지하고 이해하는 게 어려울 수 있습니다. 그래도 가능하다면 화병 환자와 가족이 함께 회복을 위해 노력할 수 있는 방법이 여러 가지 있습니다.

① 자신의 감정 인식하기

환자의 화에 직면할 때, 자신이 느끼는 감정을 명확히 인식하는 것이 중요합니다. 분노, 두려움, 서운함 등의 감정을 느끼는 것은 당연한 반응입니다. 이러한 감정을 인정하고, 그것을 부정하거나 숨기려고 하지 않는 것이 중요합니다.

② 자신을 위한 시간 마련하기

가끔은 환자로부터 거리를 두고 스스로를 위한 시간을 갖는 것이 도움이 될 수 있습니다. 짧은 산책, 명상, 또는 좋아하는 활동을 통해 잠시 스트레스를 해소하는 것이 좋습니다.

③ 감정에 공감하고 이해하기

주변 사람에게 화병 환자는 공격성과 분노만 가득해 보일 수 있지만, 대부분은 슬픔, 외로움, 두려움, 억울함 등의 복합적 감정이 숨어 있습니다. 가족구성원은 환자의 분노를 단순히 공격으로 받아들이지 않고, 그 뒤에 숨은 감정을 이해하려 노력해야 합니다. '얼마나 서럽고 슬프고 억울했으면 이렇게까지 화가 났을까?' 생각하며 진심으로 마음을 궁금해 해야 합니다.

④ 숨겨진 욕구 읽기

　환자가 과거 어려운 시기를 회상하며 "그때 당신은 나를 전혀 도와주지 않았다. 모든 것을 혼자 해야 해서 정말 힘들었다. 사람이라면 어떻게 그럴 수 있을까?"라고 비난하는 듯한 말을 할 때, 이를 개인적인 비난으로 받아들이지 말고 그 뒤에 숨겨진 환자의 욕구에 주목해보세요. 이런 발언 뒤에는 '그때 당신과 함께 하고 싶었다'와 같은 욕구가 숨겨져 있을 수 있습니다. 따라서 대화에서 '맞다, 틀리다'를 판단하기보다는 그 순간 환자가 무엇을 원하고, 어떤 감정을 느꼈는지에 집중하는 것이 중요합니다. 환자의 공격적인 증상이 눈에 띄지만, 그것을 공격으로 받아들이지 않고 '나의 마음을 제발 이해해주세요'라는 간절한 호소로 이해하면, 이것이 환자에게도 가족들에게도 큰 도움이 됩니다. 물론 누군가 자신에게 화를 내는 상황에서 공감하는 것은 매우 어려운 일이겠지만, 자신의 마음을 알아주지 않는다고 느낄 때 환자의 분노는 더 격해질 수밖에 없다는 것을 꼭 기억하세요.

⑤ 환자의 노력을 인정하고 격려하기

　환자가 그간 겪어온 어려움에 대해 인정하고 격려하는 게 중요합니다. 따뜻한 말 한마디, 작은 선물, 특별한 이벤트 등을 할 수 있습니다. 또한 환자가 관심을 가지고 있거나 즐길 수 있는 활동을 함께 하거나 환경을 제공하는 것도 도움이 됩니다.

　이러한 노력이 있다면 환자와 가족들이 힘을 합쳐 회복의 길을 걸을 수 있습니다. 가족구성원이 환자의 고충을 이해하고 수용하며 따뜻한 마음으로 지지하면 환자의 울분과 분노가 점차 줄어들 겁니다.

| 조심해주세요

가족구성원이 '다 지난 이야기를 왜 이제 하냐?', '그 정도도 감당을 못하냐'는 식으로 이야기한다면 환자의 울분과 화는 줄어들지 않고 오히려 더 강해지며 빈도도 늘어날 것입니다. 이렇게 되면 가족구성원들도 더 큰 스트레스를 받게 됩니다. 화병을 겪는 사람들에게는 주변 사람들이 자신이 겪는 고통을 가볍게 여기는 것이 더 큰 문제가 됩니다. 자신의 힘듦이나 애쓴 노력을 아무도 알아주지 않는다는 경험은 분노를 더욱 심화시킵니다.

화병은 평소에도 분노를 쉽게 폭발시키는 간헐성 폭발장애와는 달리, 보통 화를 잘 내지 않던 사람이 갑자기 분노를 보이는 현상입니다. 이유 없이 혹은 사소한 일로도 화를 심하게 내는 모습을 보여주며 주변 사람들은 이를 예민하거나 화를 잘 참지 못하는 성격으로 바뀌었다고 오해할 수 있습니다. 하지만 화병은 지나치게 감정을 억누르는 결과로 발생하므로 '왜 이렇게 화를 못 참아?' 혹은 '너만 그런 거 아닌데 왜 이렇게 화를 내? 이상하네'라며 화를 참지 못하는 것이 문제라는 식으로 이야기하는 것은 반드시 피해야 합니다. 이러한 태도는 화병을 지속하고 악화시킬 수 있습니다.

Chapter 3

사례 3 신체증상장애:

검사 결과는 이상이 없다는데
소화가 너무 안 돼요

K 씨는 52세 여성으로 결혼한 지 25년이 지난 주부이며, 이제 곧 고등학교 졸업을 앞둔 아들이 있습니다. 그간 아들의 교육에 큰 관심을 기울였고, 아들이 필요로 할 때마다 열심히 지원하려고 노력해왔습니다. 그러나 아들이 고등학교에 입학하면서부터 자신이 제대로 도와주고 있는지 의심이 들기 시작했습니다. 아들도 사춘기를 맞아 대화를 기피하고 답답함을 표출했습니다.

K 씨는 아들의 학원, 과외 등 결정이 어려워졌고, 남편과 상의를 원했지만 남편은 잦은 야근으로 소통할 시간이 부족했습니다. 결국 혼자서 모든 걸 결정해야 했는데, 대처하기가 어려웠습니다. 그러던 어느 날 소화불량이 심해졌고, 식사 후 체한 느낌을 느끼며 식사량이 줄기 시작했습니다. 소화를 목적으로 운동을 시도했지만 큰 효과를 보지 못했습니다.

점차 체중이 줄어들었고, 에너지 부족으로 일상생활에 어려움을 겪기 시작했습니다. 계속해서 상태가 악화하자 남편도 야근을 줄이고 집에서 도움을 주려 했지만 K 씨는 성가시다며 짜증만 냈습니다. 이후로 K 씨는 소화불량에 대한 정보를 찾는 것에 시간을 투자했습니다. 여러 병원을 내원해 내시경 검사도 했고, 이상 소견이 없음에도 불구하고 혹시나 발견되지 않은 문제가 있을까 싶어 불안했습니다. 의사는 신체적으로 이상이 없으니 정신건강의학과 진료를 받아보라며 권유했으나 K 씨는 자신의 힘든 신체증상이 인정 받지 못하는 기분이 들어 속상하였습니다. 분명 소화불량이라는 증상이 있었지만 병원에서 도움을 주지 않자 결국 절박한 마음으로 정신건강의학과를 찾아갔습니다.

이 사례는 신체증상장애가 있으신 분들이 제게 찾아오기까지의 전형적인 과정입니다. 한번 증상이 생기면 몇 달~몇 년의 기간을 주기로 좋아지다가 나빠지길 반복하는 만성적인 경과를 보입니다. 첫 발생은 20~30대인 경우가 많으며 환자 중 약 1/3에서 1/2는 상당한 호전을 보입니다.

두통, 어지럼증, 쓰러질 것 같은 기분, 소화불량, 복통, 숨쉬기 어려움, 두근거림, 근육통 등 전신에 걸쳐 다양한 증상이 나타나며 계속해서 신체증상이 변하기도 합니다. 여러 가지 신체증상을 호소하는 경우가 많지만, 가끔은 단 하나의 심한 증상에 시달리는 분들도 있습니다. 이런 경우에는 통증이 가장 흔하게 나타납니다. 환자들은 이 증상들로 인해 상당한 고통을 느끼며, 일상생활에 지장을 받게 됩니다. 그러나 의학적 검사 결과는 대체로 이상이 없는 것으로 나타납니다.

검사에서 이상이 없다는 것을 확인해도, 환자는 계속 아파서 안심하지 못하고 발견되지 않은 심각한 문제가 있는 것인지 계속 불안해합니다. 신체적인 문제가 확실하지 않으니 해결 방법도 없을 것이라 생각하게 되고, 불편함을 넘어서 불치병 수준의 위협으로 인식하게 됩니다. 이런 불안감 때문에 계속 검사를 받게 되면서 오히려 절망에 빠지게 됩니다.

신체증상장애 진단기준

한 가지 이상의 신체증상이 지속되면서 다음 ①~③중 하나 이상이 해당되면 신체증상장애로 진단이 가능합니다.

① 신체증상의 심각성에 대해 지속적으로 생각한다.
② 건강이나 신체증상에 대해 지속적으로 불안해한다.
③ 건강과 신체증상 염려에 과도한 시간과 에너지 소비를 한다.

하나의 신체증상만 계속해서 존재해야 하는 것은 아니지만 전형적으로 신체증상이 있는 상태가 6개월 이상 지속됩니다.

▲ 출처: DSM-5 정신질환의 진단 및 통계편람

병의 발현 이유

신체증상장애의 발현에는 다양한 이유가 있을 수 있습니다. 환자분들은 대개 감각을 예민하게 인지하며, 감각을 고통으로 감지하는 기준이 낮아, 불편함을 심한 통증으로 느끼기도 합니다. 무의식적으로는 과거에 겪은 아픈 경험들로 인해 분노를 느꼈을 수 있으나, 이러한 감정들이 표현되지 못한 채 내면에 억눌러지면 신체적인 불편함이나 통증으로 나타날 수 있습니다. 또한 어려운 상황에 부닥치거나 힘든 상황이 예상될 때, 신체적인 불편함으로 인해 병이 난 것처럼 느끼게 되어 이러한 상황들에서부터 벗어날 수 있게 합니다. 심한 자기 비난과 죄책감을 느끼는 사람들은 때때로 자신을 벌하기 위해 신체적 고통을 경험하게 되기도 합니다. 이 모든 것들은 스스로 전혀 의식하지 못한 채 일어나는 무의식적인 과정입니다.

K 씨는 남편과 오랜 기간 소통이 부족했으며 아들과 관련된 모든 일을 혼자 도맡아야 했습니다. 또한 아들의 사춘기 반응까지 더해지자 좌절감과 분노를 느꼈을 지도 모릅니다. 하지만 평소 책임감이 큰 편으로 아내라면, 엄마라면 이러한 역할들은 충분히 감당해야 하고 그것이 당연한 일이라고 스스로를 몰아붙여왔습니다. K 씨에게는 남편 없이 자신이 홀로 이러한 것들을 감당해내지 못한다는 것과 아들의 사춘기 반응에 화가 난다는 것이 의식적으로 용납이 잘 되지 않았을 수 있습니다. 그래서 분노의 감정은 표현되지 못한 채 무의식 아래로 묻혀졌을 것입니다.

표현되지 않은 감정은 어떤 방식으로든 드러나는 경향이 있으며, 이런 감정이 신체의 증상으로 나타나는 것이 바로 신체증상장애입니다. 그래서 신체증상장애를 겪는 많은 분이 자신의 감정을 제대로 인지하지 못하거나, 스트레스를 받는다는 사실 자체를 인지하지 못하고 "괜찮다"고만 말하는 경우가 많습니다. 이들은 신체증상에 대해서는 "힘들다"고 호소하지만, 이외의 자신의 마음은 잘 표현하지 않습니다.

전문가가 주는 도움

신체증상장애 치료는 명확히 확립된 것이 없기 때문에 인지행동치료, 정신분석적치료, 약물치료, 스트레스 대처법 등의 다양한 방법을 통해 만성적으로 지속되는 신체증상을 환자가 잘 다룰 수 있도록 개개인에 맞는 치료 전략을 선택하게 됩니다. 또한 우울장애나 불안장애를 동반할 확률이 80%로 매우 높기 때문에 다른 정신 질환이 함께 있는지를 평가하는 것도 중요합니다.

병원방문은 정기적인 게 좋을까요? 불안할 때 가는 게 좋을까요?

정기적으로 만나는 것이 좋습니다. 이를 통해 환자는 의사가 본인을 버리지 않으며 증상을 대수롭지 않게 생각하고 있는 것이 아니라는 것을 확인하고 안심하게 됩니다.

Q2 **신체증상에 대한 검사는 증상이 생길 때마다 해보는 게 좋나요?**

아닙니다. 정기적으로만 받는 것이 좋습니다. 검사에서 이상이 나오지 않았다고 검사나 진찰을 반복하는 것은 도움이 되지 않습니다.

Q3 **약물치료를 받아야 하나요?**

신체증상장애만 있는 경우는 약물치료가 근본적인 치료는 아닙니다. 하지만 오래 앓다 보면 누구나 지치기 마련입니다. 평생 나을 수 없다는 생각에 절망감을 느끼며 이렇게 사느니 죽는 게 낫다는 생각을 할 만큼 우울감을 느끼게 되기도 합니다. 이렇게 지속되는 신체증상으로 인해 우울과 불안이 두드러진다면 약물치료를 받는 것도 좋습니다. 신체증상이 우울과 불안을 가져왔지만, 이 우울과 불안이 신체증상을 악화하기 때문입니다. 이런 상황이라면 약물치료를 통해 우울과 불안을 줄이는 것이 도움이 됩니다. 보통 항우울제나 항불안제로 치료를 시도하며 특히 통증이 있을 때는 SNRI 계열의 항우울제가 효과가 있다고 알려져 있습니다.

스스로 시도해 볼 수 있는 방법

① 신체적 이상 유무 확인하기

아직 진단받지 못한 상황이라면, 전문가의 도움을 받아 신체적 이상이 있는지 확인하세요. 만약 신체적 이상이 없다면 반복적인 검사는 도움이 되지 않습니다.

② 끊임 없이 드는 불안한 생각에 대처하기

길을 잃으면 올바른 방향을 다시 찾아나갈 수 있을 지에 대한 걱정과 불안이 생깁니다. 비록 위험하지 않은 길이지만, 빠져나갈 수 없다는 두려움 때문에 위험한 것처럼 느껴질 수 있습니다. 신체증상장애도 이와 유사한 면이 있습니다. 신체증상이 사라지지 않을 것에 대한 걱정과 불안이 커지면, 이 때문에 신체증상 자체가 매우 심각하고 위험하게 느껴질 수 있으며 결국 신체증상의 강도와 심각성도 함께 증가할 수 있습니다. 생각이 꼬리에 꼬리를 무는 경험은 우리 모두가 겪어본 적이 있을 것입니다. 예를 들어, 오랜 기간 동안 소화불량으로 고통 받는다면, 다음과 같은 연속적인 생각이 머릿속에서 끊임없이 발생할 수 있습니다.

소화불량으로 괴롭다 → 어떤 병원도 내 증상의 원인과 치료법을 찾지 못한다 → 치료될 수 없다 → 지속적인 소화불량으로 먹지 못해 체중이 점점 줄어들 것이다 → 평생 소화불량으로 고통받다가 죽을지도 모른다

이러한 연속적인 생각은 제3자에게는 과장되어 보이겠지만 고통을 겪고 있는 환자에겐 충분히 가능한 시나리오입니다. 이런 순환이 반복되면 불안감은 그만큼 더해집니다.

우리의 생각은 종종 부정적인 방향으로 흘러갑니다. 이는 인간이 불안한 미래와 예측할 수 없는 상황에 대비해야 하는 생존 본능을 가지고 있기 때문입니다. 위험한 상황을 대비하려는 경향이 있어서 부정적 방향으로의 생각을 하게 되므로, 이런 연속적인 생각의 흐름에서 빠져나오는 것이 중요합니다. 생각의 흐름을 끊는 방법으로 소리 내어 '생각아 멈춰'라고 말하는 인지행동치료 기법이 있긴 하지만, 막상 시도했을 때 잘 되지 않을 가능성이 큽니다. 예를 들어, 1분 동안 코끼리 생각을 하지 않아야겠다고 마음을 굳게 먹으면 오히려 10초 내로 코끼리 떼가 머릿속에 몰려드는 경험을 하게 되기 때문입니다.

그래서 생각을 하지 않으려고 하기보다 생각을 그저 흘려보내려 시도해 볼 수 있습니다. 물론 생각을 흘려보낸다는 게 결코 쉽지 않은 과정으로 연습을 해도 잘 안 될 수 있습니다. 그래도 부정적으로 생각이 흐르는 것을 어느 정도 막기 위해서는 생각하지 않으려고 마음먹기보다는 흘려보내려고 마음먹는 게 낫습니다. 신체증상이 나타날 때마다 떠오르는 걱정과 불안들을 빠르게 흐르는 계곡물을 상상하며 흘려보내려 해봅시다. 또는 하수구로 쏟아지는 물을 상상하면서, 걱정과 불안을 그 물과 함께 흘려보내는 것도 좋습니다. 처음에는 잘 안 될 수 있습니다. 그래도 괜찮습니다. 계속해서 다시 흘려보내세요. 이것은 앞서 언급한 마음챙김 기법 중 하나입니다.

▲ 시냇물, 하수구 그림

마지막 방법은 생각의 내용이 아니라 생각 아래의 감정에 집중하는 것입니다. 예를 들어 '이러한 생각이 계속해서 드는 걸 보니 내가 지금 매우 불안하고 걱정하고 있구나'라고 알아차리는 것입니다. 이렇게 하면, 꼬리에 꼬리를 무는 부정적인 생각의 진행과 과도한 걱정에 몰두하는 것을 어느 정도 막을 수 있습니다. 불안함을 느끼는 것은 인간다운 반응이니 이를 인정하고 받아들이는 게 중요합니다.

③ 불편한 부위로부터 주의 분산하기

평소 발목에 별다른 신경을 쓰지 않다가도 부상을 당한 뒤에는 발목에서 아주 미세한 감각만 느껴져도 훨씬 더 민감하게 느낄 수 있습니다. 통증 및 불편함이 있는 부위는 보호하려는 본능적 반응으로 인해 더 주의 깊어지는 겁니다. 이는 발목을 보호하는 데 효과적일 수는 있지만, 과도한 주의는 발목 사용을 불필요하게 제한하거나 중립적인 감각을 위험으로 해석하여 불안을 유발할 수 있습니다. 따라서 통증이나 불편함이 있는 부위에 대한 주의를 분산시키는 것이 필요합니다.

만약 목 통증이 있을 때 반복해서 목을 마사지한다면, 일시적으로는 통증이 완화되는 느낌이 있을 수 있지만, 목 부위에 더욱 집중하게 되어 일상생활 중 잊고 있던 통증이 다시 상기될 수 있습니다. 주의를 분산하는 방법으로는 불편한 부위가 아닌 다른 신체 부위로 감각을 전환시키는 겁니다. 머리가 아프다면 발가락 끝에 집중하거나, 배가 아프다면 손가락 끝에 주의를 집중하는 것입니다. 오돌토돌한 지압 볼로 다른 부위에 강한 자극을 줄 수도 있습니다. 다른 부위로 감각을 분산하는 것 외에도 신체 증상에만 너무 몰두 되지 않도록 일과 중에 운동 등 다양한 활동을 하는 것도 도움이 될 수 있습니다.

④ 자신을 돌아보기

신체증상은 표현되지 못한 감정이 형태를 바꾸어 나타나기도 합니다. 발표를 앞두거나 중요한 시험을 준비하는 도중에 배가 아픈 적이 있다면, 긴장을 인식하기 전부터 이미 배가 아픈 상황을 경험했을 겁니다. 이와 같은 신체적 증상들은 우리의 마음에서 일어나는 변화를 알리는 신호일 수 있습니다. 검사 결과에 문제가 없다면, 이러한 신체적 증상을 위험의 신호가 아닌 단순 알림의 하나로 받아들이며 스스로에게 다음과 같은 질문을 던져볼 수 있습니다. '최근에 내게 무슨 일이 있었지?' '나는 그것을 어떻게 느꼈지?' 신체증상이 심화되는 시기에 어떤 일이나 변화, 말이나 행동 등이 있었는지를 되돌아보는 것이 좋습니다. 특별한 일이 없었다 하더라도 자신이 어떻게 느끼고 받아들였는지를 돌아보는 습관을 들이는 것이 중요합니다. 해당 증상이 어떤 의미를 갖고 있는지 스스로 인식하고 이해한다면 극적으로 사라지진 않더라도 점차 개선될 것입니다.

그러나 우리가 감정을 인식할 수 없는 것에는 이유가 있습니다. 그만큼 스스로에게 힘든 감정일 수 있으므로 다시 인식하려는 노력에도 쉽게 떠오르지 않을 수 있습니다. 이럴 때는 감정 목록을 참조하여 자신이 느꼈던 감정이 무엇에 가까운지 빠르게 판단해보는 방법을 사용할 수 있습니다. 이 과정이 혼자서는 어렵다면 전문가와의 상담이나 치료를 받는 게 좋은 선택입니다. 자신의 마음과 가까워질수록 신체증상을 통한 우회적인 신호가 줄어들어 건강한 생활을 할 수 있습니다.

감정목록

가엾다, 간절하다, 감격스럽다, 감사하다, 걱정스럽다, 경멸하다, 고맙다, 곤란하다, 괘씸하다, 괴롭다, 궁금하다, 귀찮다, 그립다, 기쁘다, 긴장되다, 난처하다, 놀랍다, 다행스럽다, 답답하다, 당황스럽다, 두렵다, 든든하다, 막막하다, 만족스럽다, 망설이다, 못마땅하다, 무섭다, 무안하다, 미안하다, 미워하다, 민망하다, 반갑다, 배신감이 들다, 벅차다, 보람차다, 부끄럽다, 부럽다, 분노하다, 분하다, 불만스럽다, 불쌍하다, 불쾌하다, 불편하다, 비참하다, 뿌듯하다, 사랑스럽다, 상실감이 든다, 상쾌하다, 샘나다, 서글프다, 서럽다, 서운하다, 설레다, 섭섭하다, 성취감을 느낀다, 속상하다, 수줍다, 수치스럽다, 슬프다, 신나다, 실망스럽다, 안심되다, 안타깝다, 약오르다, 얄밉다, 어색하다, 어이없다, 억울하다, 역겹다, 열등감을 느낀다, 외롭다, 우울하다, 원망스럽다, 원통하다, 유쾌하다, 자랑스럽다, 재미있다, 절망스럽다, 좌절감이 든다, 죄책감이 든다, 즐겁다, 증오하다, 지루하다, 짜릿하다, 짜증스럽다, 창피하다, 초조하다, 측은하다, 통쾌하다, 편안하다, 행복하다, 허무하다, 혐오스럽다, 혼란스럽다, 홀가분하다, 화나다, 황홀하다, 후련하다, 후회스럽다, 흐뭇하다, 흡족하다, 흥미롭다, 흥분되다.

가족이 할 일

① 부모가 겪는 신체증상은 객관적 검사로 증명되지 않았을 뿐 실재하는 것입니다. 머리가 아프고 배가 아프다고 통증이 모두 이상 소견으로 발견되지는 않습니다. 자신이 지속적인 두통이나 복통을 겪었을 때를 떠올리며 정확한 원인이 확인되지 않아 앞으로도 해결될 가망이 없다고 하면 어떨까를 떠올려 보세요.

② 신체증상에 원인이 없는 것으로 확인됐다면 신체증상의 원인을 찾는 것에 몰두하지 마세요. 환자의 고통에 공감하는 건 중요하지만, 함께 원인을 찾자고 과도하게 몰두하는 건 환자의 불필요한 진료 행위를 강화할 수 있습니다. 오히려 증상 자체보다 증상으로 인한 감정적 어려움에 대해 대화를 나누세요.

③ 환자가 불필요해 보이는 검사를 계속해서 받는 모습이 답답할 수 있지만, 검사를 받는 행위 자체에 대해서는 비난도 동조도 하지 마세요. "왜 그리 예민하냐" "왜 그리 유별나냐"와 같은 비난은 금물입니다.

┃ 조심해주세요

검사 결과의 이상이 없어 주변 사람들로부터 꾀병이라고 의심 받기 쉽습니다. 하지만 꾀병과 신체증상장애는 엄연히 다릅니다. 꾀병은 신체증상이 없지만 어떠한 목적을 가지고 의식적으로 증상을 꾸며내는 것이며 신체증상장애는 신체증상으로 인해 매우 괴롭습니다. 이를 꾀병으로 취급하면 환자는 더욱 답답하고 괴로워집니다. 환자는 현재 생생하게 신체증상을 느끼고 있기 때문에 심리적 원인이 있다고 지적하는 것은 더더욱 도움이 되지 않습니다. 불편한 신체증상이 온종일 지속된다고 상상해 봅시다. 아무리 이러한 증상을 무시하려 해도 결코 쉽지 않을 것입니다. 그렇기 때문에 환자는 자신의 신체증상에 과도하게 몰두하기가 쉬우며, 다른 문제로 관심을 돌리기가 매우 힘듭니다. 이런 환자에게 "괜찮다잖아", "안심해", "괜찮을거야"라는 말은 전혀 위로가 되지 않습니다. 오히려 자신의 증상을 충분히 심각하게 다루지 않는다고 느끼며 상처받게 됩니다. 심지어 실제 심각한 의학적 질병의 특징을 보이는 증상이 나타났을 때조차 오히려 대수롭지 않게 취급받을 위험이 있습니다.

사소한 것들이 다 걱정되어 온종일
걱정만 하다 보니 집중이 잘 되지 않아요

❶ P 씨는 54세 여성으로, 아들의 결혼과 독립 이후로 걱정이 늘었습니다. 남편과 평온한 생활을 하고 있지만 자녀의 건강과 안전, 그리고 남편의 건강과 퇴직 후의 생활에 대해 지나치게 걱정하고 불안해하였습니다. 가스레인지를 잘 잠갔을까? 문을 잘 잠갔을까? 하는 불안한 생각들 때문에 일상생활에서 긴장을 풀지 못하고, 잠도 제대로 이루지 못하였습니다.

❷ J 씨는 50세 남성으로, 열심히 일해온 직장에서 친하게 지내는 동료는 승진했으나 자신은 그러지 못했습니다. 평소 변화에 적응을 잘하는 J 씨는 웬만한 일들을 쉽게 받아들이는 성격으로 이번 승진 결과도 큰 감정의 동요 없이 받아들이는 듯 했습니다. 하지만 이 무렵부터 J 씨는 일상생활에서 많은 걱정을 하게 되었습니다. 출근길에서 교통사고를 낼 것 같은 느낌부터 지각에 대한 불안, 가족의 건강상태 등 다양한 걱정이었습니다. 이로 인해 J 씨는 쉽게 피곤해졌으며 업무에도 집중하지 못해 잦은 실수를 하게 되었습니다.

범불안장애는 특별한 이유 없이 일상의 여러 상황에 대해 지나치게 걱정하고 불안해하는 것이 특징입니다. 이런 불안감 때문에 직장이나 학교, 사회 활동에서 성과가 저하될 수 있어요. 대부분의 걱정은 가족, 경제, 직업, 건강, 일상생활의 사소한 일들에 관한 것이며, 이런 걱정은 실제 위험에 비해 너무 과도할 수 있습니다. 보통 걱정할 때는 신체 증상을 겪지 않지만, 범불안장애일 경우에는 안절부절못하고 낭떠러지에 서 있는 느낌 등의 신체 증상이 동반될 수 있습니다. 약 5-9%의 사람들이 이 장애를 경험하며 여성이 남성보다 약 2배 더 많이 발병합니다. 대부분은 30세 무렵에 시작되어 중년까지 진단율이 증가하며 약 4명 중 1명에서 치료 중단 후 한 달 이내에 재발할 만큼 재발률이 높습니다.

범불안장애 진단기준

Ⓐ (직장이나 학업과 같은) 수많은 일상 활동에 있어서 지나치게 불안해하거나 걱정 (우려하는 예측)을 하고, 그 기간이 최소한 6개월 이상으로 그렇지 않은 날보다 그런 날이 더 많아야 한다.

Ⓑ 이런 걱정을 조절하기 어렵다고 느낀다.

Ⓒ 불안과 걱정은 다음의 6가지 증상 중 적어도 3가지 이상의 증상과 관련이 있다 (지난 6개월 동안 적어도 몇 가지 증상이 있는 날이 없는 날보다 더 많다).

☐ 안절부절못하거나 낭떠러지 끝에 서 있는 느낌
☐ 쉽게 피곤해짐
☐ 집중하기 힘들거나 머릿속이 하얗게 되는 것
☐ 과민성

☐ 근육의 긴장
  ☐ 수면 교란(잠들기 어렵거나 유지가 어렵거나 밤새 뒤척이면서 불만족스러운
    수면상태)

Ⓓ 불안이나 걱정, 혹은 신체증상이 사회적, 직업적, 또는 다른 중요한 기능 영역에
  서 임상적으로 현저한 고통이나 손상을 초래한다.

Ⓔ 장애가 물질(예: 남용약물, 치료약물)의 생리적 효과나 다른 의학적 상태(예: 갑
  상선기능항진증)로 인한 것이 아니다.

Ⓕ 장애가 다른 정신질환으로 더 잘 설명되지 않는다.

▲ 출처: DSM-5 정신질환의 진단 및 통계편람

병의 발현 이유

P 씨는 어린 시절부터 자주 아프던 어머니로 인해 갑자기 홀로 남게 될
지도 모른다는 불안감을 겪어왔습니다. 그래서 이와 유사한 상황을 위협
으로 인식할 가능성이 높습니다. 아들의 결혼과 독립은 P 씨에게 홀로 남
겨진다는 불안을 떠올리게 했을 수 있으며 이런 불안감을 다시 겪지 않기
위해, 통제 가능한 일상의 사소한 문제에 집중하게 되었을지도 모릅니다.
이는 잠시의 안정은 주지만 결국 P 씨의 본질적인 불안을 떠올리지 않게
만들었습니다.

J 씨는 동료만 승진하여 상당한 분노를 느꼈을 수 있지만 평소 싫은 소
리를 잘 못하고 온화한 성품이었기에 그 감정을 의식하지 못했을 수 있습
니다. 강력한 부정적 감정인 분노를 사소한 걱정들로 회피했을 수 있습니
다. 승진 실패와 자신에 대한 부정적 평가에 대한 불안을 느꼈을 것이며

이런 불안이 그의 일상생활에서 다양한 형태로 나타났습니다.

위의 사례는 가상으로 만들어낸 것이며 발현 이유 또한 가설입니다. 범불안장애도 개인마다 발현 이유가 다릅니다. 다만, 걱정이 지나치게 많아지며 몰두하게 되었다는 것은 정말로 피하고 싶은 무언가가 마음속에 생겼다는 뜻일 수 있습니다. 이 외에도 유전적 요인으로도 발생할 수 있습니다. 생물학적으로는 GABA, 세로토닌 등의 신경전달물질의 불균형이 범불안장애의 발생과 관련 있을 수 있습니다. 또한 과도하게 신중하거나 걱정이 많은 성격, 위험한 것이나 새로운 것을 회피하는 기질도 범불안장애의 발병과 연관되어 있습니다.

전문가가 주는 도움

범불안장애의 치료 목표는 불안을 없애는 것이 아니라 불안을 잘 견딜수 있게 하는 것입니다. 무언가를 걱정하고 불안을 겪는 것은 자연스러운 일이므로 이것을 없애는 게 목표가 되어서는 안되며 다만 일상생활에 지장을 주지 않을 정도로 영향을 최소화 하는 것이 목표입니다.

① 약물치료

신경전달물질의 불균형을 조절하여 불안증상을 완화시킵니다.

- **항불안제 :** 벤조디아제핀은 의존성과 내성이 발생할 수 있으니 불안이 심할 때만 복용하거나 단기간 복용할 수 있습니다. 부스피론과 같은 항불안제는 의존성과 내성이 발생하지 않아 장기 복용이 가능하며 60-80%의 환자에게 효과를 나타내는 것으로 보고됩니다.

- **항우울제 :** 세로토닌 노르에피네프린 재흡수 억제제(SNRI)와 같은 항우울제는 집중력 저하, 과민성, 근긴장 등의 증상을 완화하는데 도움이 됩니다. 우울증상을 동반할 시에는 선택적 세로토닌 재흡수 억제제(SSRI)도 효과적입니다.

- **베타 차단제 :** 두근거림, 식은땀 등의 교감신경 증상이 두드러지는 일부 환자에게 도움이 될 수 있습니다.

② 인지행동치료

'출근 길에 다치면 어쩌지?'와 같이 부정적 일이 일어날 수 있는 가능성에 대해 과대평가하거나 '이번 업무에서 저지른 실수로 해고 당하면 앞으로 어쩌지?'와 같이 부정적 일이 일어났을 때 최악으로 치달을 것이라는 재앙화 사고가 흔히 나타납니다. 이러한 왜곡된 생각 패턴을 인지하고, 객관적인 생각으로 바꾸는 치료입니다. 범불안장애의 걱정은 실직, 대인관계 문제 등의 일상적인 문제부터 자연재해, 유괴 등의 미래에 대한 막연한 걱정에 이르기까지 다양합니다. 이에 대한 대응으로, 문제해결전략을 모색하거나 '걱정 시간'을 설정하거나 걱정을 반복적으로 떠올리는 '걱정 노출'을 사용하기도 합니다. 또한 행동치료의 일부로 이완요법과 바이오 피드백 훈련을 이용하여 신체증상을 관리하며 인지 교정과 함께 시행하면 더욱 효과적입니다.

③ 바이오 피드백 훈련(Biofeedback)

스트레스 상황에 대한 신체적 반응을 통제하기 위해 사용하는 기법으로 우리 몸의 생체 신호를 측정해 시각화합니다. 바이오 피드백 장치로 측정된 생체 신호가 시각화되어 화면에 나타나면, 우리는 이를 인지합니다.

심박수가 높아진 것을 눈으로 확인한다면 긴장 상태에 있다는 것이므로, 깊게 숨을 들이고 천천히 내쉬면서 몸을 이완시키는 호흡 연습을 할 수 있습니다.

④ 통찰 지향적 정신치료

상담치료의 한 형태로 단순히 불안한 마음을 지지하여 당장의 불안을 경감시키는 것보다 현재 자신이 어떤 내적 갈등을 겪고 있는지를 통찰하고 이해하는 것에 초점을 맞춥니다. 자신의 불안을 더 잘 이해하고 관리할 수 있게 하는 것을 목표로 합니다.

스스로 시도해 볼 수 있는 방법

① 이완요법

같은 상황에 직면해도, 개인의 불안 수준이 높으면 해당 상황을 더욱 부정적으로 해석하게 되어 걱정을 멈추기 어렵습니다. 반면, 불안 수준이 낮다면 동일한 상황을 덜 부정적으로 인식하거나 중요하게 여기지 않을 수 있습니다. 그렇기에 우리의 불안을 경감시킬 수 있는 이완요법이 범불안장애에서는 도움이 됩니다.

그중 스스로 시도할 수 있는 방법은 점진적 근육 이완법이 있으며, 불안감이 몰려올 때 깊고 천천히 숨을 쉬는 것 또한 긴장을 푸는 역할을 합니다. 스스로 긴장 상태에 있음을 인식하고 불안이 증가하는 시점에 이완요법을 시도해볼 수 있습니다.

❘ ① 점진적 근육 이완법(Progresive Muscle Relaxation, PMR)

근육의 긴장과 이완을 교대로 반복하는 요법으로, 스트레스를 낮추고 이완 상태에 이르게 합니다. 이 이완요법은 몸에 있는 긴장을 마치 버튼 누르듯이 하나씩 끄는 것이라고 설명할 수 있습니다. 버튼을 누르면 전기가 꺼지는 것처럼 긴장된 우리 몸도 한 군데씩 느슨해집니다. 이와 마찬가지로 이완요법을 통해 몸과 마음의 긴장을 천천히 끄고 이완 상태로 돌아가면서 건강한 상태를 유지할 수 있습니다. 간단한 이완요법 연습을 소개합니다. 집에서 편안하게 시도할 수 있습니다. 긴장되지 않은 상태에서 연습해 두어야 긴장되고 스트레스받는 상황에서 잘 활용할 수 있습니다.

점진적 근육 이완법 연습하기

편안한 의자에 앉거나 누워 편안한 자세를 취하세요. 깊이 숨을 들이마시고, 천천히 숨을 내쉬면서 몸을 이완시키세요. 먼저 발가락을 꽉 쥐었다가 천천히 이완시키세요. 이때 발가락의 긴장감과 이완감을 느껴보세요.

다음으로 발목, 종아리, 무릎, 허벅지, 엉덩이, 복부, 손가락, 손목, 팔, 어깨, 목, 얼굴 근육에 차례로 동일한 과정을 반복하세요. 각 근육을 긴장시킨 후 천천히 이완시키며 그 느낌에 집중하세요.

마지막으로 전체 몸의 이완 상태를 인식하며, 깊이 숨을 들이마신 후 천천히 숨을 내쉬세요.

❘ ② 호흡 이완요법

심호흡과 몸의 이완을 결합한 기법으로, 스트레스를 줄이고 마음의 평온함을 찾는 데 도움이 됩니다. 일정한 간격으로 천천히 들어오고 물러가는 바다의 파도와 같이 호흡하세요. 어디서든 편안하게 시도해 볼 수 있습니다.

<u>호흡 이완요법 연습하기</u>

편안한 의자에 앉거나 바닥에 누우세요. 눈을 감고 3초간 숫자를 세며 천천히 깊게 코로 숨을 들이마시세요. 숨을 가득 채웠으면 2초간 멈춘 후 5초간 천천히 코나 입으로 숨을 내쉽니다. 이 호흡 과정을 5-10분간 반복하세요. 호흡하며 마음이 흩어진다면, 다시 호흡에 집중하면 됩니다. 과정이 끝나면 천천히 눈을 떠 몸과 마음이 평온한 상태를 인지하며 그 느낌에 머무세요.

② 걱정 시간 설정

미래에 대한 막연한 걱정이 과도하다면 걱정 시간을 정해보세요. 인지행동치료 기법 중 하나이며 일상생활에 '걱정'이 지나친 영향을 주지 않도록 도움을 줍니다.

매일 고정된 시간을 걱정 시간으로 정합니다. 그 외 시간에 걱정이 생기면 노트나 휴대폰에 기록해두었다가 걱정 시간에 다룹니다. 걱정 시간에 기록한 걱정을 하나씩 생각해보세요. 문제해결방안을 고려해도 좋고, 그냥 보기만 해도 괜찮습니다. 걱정 시간이 끝나면 심호흡이나 근육 이완법 등으로 불안을 감소시키고 일상생활로 돌아갑니다. 걱정이 계속 된다면 "내일 걱정 시간에 다시 걱정해봐야지"라고 스스로에게 말하세요.

걱정 시간은 취침 직전이나 기상 직후로는 설정하지 마세요. 설정한 걱정 시간을 준수해주세요. 처음에는 어색하고 힘들겠지만 당연한 현상입니다. 꾸준히 연습하면 걱정 관리 능력이 향상됩니다.

가족이 할 일

환자가 자신의 걱정을 늘어놓으며 안심시켜 주기를 바랄 때 이를 이해하고 지지하려는 노력은 좋은 태도이지만, 범불안장애에서 중요한 사실은 '걱정의 내용'은 전혀 중요하지 않다는 것입니다. 시시각각 걱정의 내용이 바뀌기도 하며 하나를 안심시켜 주면 또 다른 걱정이 생기기 마련입니다. 걱정의 내용에 집중하며 하나하나 해결하려 하기보다 '이렇게 걱정이 계속해서 든다면 정말 많이 불안하겠어요. 지치고 힘들겠어요. 걱정하지 않아도 된다고 안심 받고 싶겠어요.'라고 공감해주는 게 가장 중요합니다. 충분하게 공감한 후에는 걱정에 너무 몰두하지 않도록 함께 다른 활동을 할 수도 있으며, 호흡 이완 등 긴장을 완화할 수 있는 시도를 해보는 것이 어떻겠냐고 제안할 수도 있겠습니다. 가족구성원은 자신의 정신건강과 스트레스 관리에도 주의를 기울여야 합니다. 그래야만 환자를 지지하고 돕는 데 필요한 에너지와 능력을 유지할 수 있습니다.

| 조심해주세요

① 범불안장애가 있는 부모의 걱정을 가볍게 여기거나 부정하지 않도록 주의하세요. 이는 이해 받지 못하고 인정 받지 못한다고 느끼게 만듭니다.

② "그만 좀 해라" 또는 "왜 이렇게 걱정하는 거야?"와 같은 말은 피해주세요. 이런 비난은 환자에게 부담을 주고, 불안을 더욱 악화시킵니다.

③ 환자의 불안을 과도하게 해결하려고 노력하거나 모든 선택을 대신해주거나 모든 문제를 일일이 안심시켜주려고 하지 않아도 괜찮습니다. 이

는 장기적으로 볼 때 환자의 의존성을 높이고 그들이 불안을 극복하는
데 필요한 자기 조절 능력의 향상을 방해할 수 있습니다

PART 3

의사소통 방법 -
부모 변화 이끌어내기

Chapter 1

부모 변화 이끌어내기

치료받지 않으려는 부모 이해하기

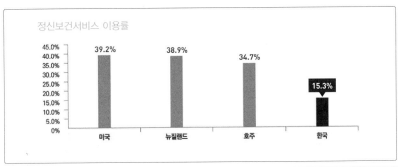

정신보건서비스 이용률

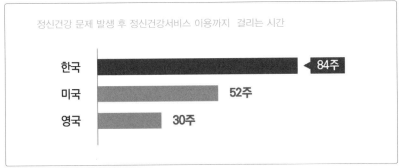

정신건강 문제 발생 후 정신건강서비스 이용까지 걸리는 시간

　　우리나라는 다른 나라에 비해 정신보건서비스 이용률이 현저히 낮으며 정신건강 문제가 발생한 후 처음 정신보건서비스를 이용하기까지 평균 84주, 약 2년이 걸린다고 합니다. 실제로 초진 환자를 진료하면 수년간 힘든 후에야 병원을 찾는 경우가 많습니다.

미이용사유	정신장애 중 어느 하나라도 해당되는 경우*
나는 정신질환이 없다고 생각했다.	87.3%
그 정도 문제는 스스로 해결할 수 있다고 생각했다.	90.3%
문제가 저절로 좋아질 거라고 생각했다.	77.7%
문제로 인해 많이 괴롭지 않았다.	62.7%
문제가 저절로 좋아졌다.	73.1%

* 알코올 사용장애, 니코틴 사용장애, 우울장애, 불안장애 중 어느 하나라도 해당되는 경우

※ 정신건강서비스 미이용자만 포함하여 분석

보건복지부 자료에 따르면, 많은 사람이 '**나는 정신건강상의 문제가 없다고 생각했다**'라는 이유로 정신의료서비스를 이용하지 않습니다. 심지어 우울증과 같은 상태임을 알면서도 '그 정도 문제는 스스로 해결할 수 있다' '문제가 저절로 좋아질 것이라고 생각했다' '문제로 인해 많이 괴롭지 않았다'는 이유로 서비스를 이용하지 않는 경우도 많습니다.

정신의료서비스를 이용한다는 것은 일반의료서비스를 이용하는 것처럼 전문가의 돌봄과 치료를 받는 것입니다. 외과나 내과 등 다른 진료과를 이용할 때는 자신이 신체 장기에 대한 전문적 지식이 없음을 당연하게 받아들이기 때문에 전문가에게 도움을 요청하는 일에 마음의 장벽이 크게 없는 편입니다. 하지만 정신건강의학과의 경우 자신의 정신건강과 관련한 전문적 지식이 없어 전문가를 찾는 것이라고 받아들이지 않습니다.

특히 부모 세대는 지금 자녀 세대와 다르게 정신건강에 대한 이해가 부족하고 잘못된 선입견이 많은 시대에서 살아왔습니다. 지금은 입에 담기 어려운 정신건강과 관련된 말들이 막무가내로 사용되기도 했을 만큼 사회적 낙인이 심했습니다. 그렇기에 부모에게는 정신의료서비스를 이용하는 것이 큰 불안일 수 있습니다. '내가 병원에 가야 할 만큼 심각한 건가?'

'스스로 이겨내지 못하고 병원에 의존할 만큼 나약한 사람인가?' '정신건강의학과 다닌다고 나를 이상하게 보면 어떻게 하지?' '이때까지 열심히 살아왔는데 결국 스스로 감정 하나 제대로 통제 못하고 다른 사람에게 피해만 주는 사람이 되는 건가?'와 같은 생각들이 부모를 더욱 괴롭힙니다.

이러한 불안감에 직면하여 부모는 자신의 상태를 부정하는 경향이 있습니다. 그들은 '나 완전 괜찮아' '우울하지 않아' '평소와 다를 거 없어'라며 자신의 심리적 상태를 간과하려 합니다. 그리고 '이 정도는 스스로 해결할 수 있어' '저절로 좋아지게 되어있어' '그때 그 일 때문에 잠시 우울할 뿐이야' '가도 달라질 것 없어서 갈 필요 없어'와 같이 어려움을 최소화하거나 합리화하며 불안을 덜어내려 합니다. 병원에 가서 진단을 받는 순간 모든 염려가 현실이 될까 봐 진료 자체를 피하는 것도 부모가 불안을 견디는 방식입니다.

이런 상황의 부모는 자녀가 건네는 치료 권유를 부모 자신에게 심각한 문제가 있다는 것을 인정해야 하는 압박으로 느껴 화를 내는 경우가 많습니다. 치료 권유를 한 사람을 이상하거나 나쁜 사람으로 여기면 자신이 불안을 인정해야 할 필요가 없어지니깐요. 게다가 중년의 시기는 부모가 자녀를 돌보는 것에서 점차 자녀가 부모를 돌보는 것으로 변화되는 시기이기도 합니다. 모든 것이 부정적으로 보이는 우울증을 겪고 있다면 자녀에게서 이런 이야기를 듣는 것이 '내가 더 이상 부모 노릇을 못하는 구나'라고 들려 스스로에게 화가 났을 수도 있습니다. 거부감이 클수록, 화를 더 크게 낼수록, 실제로는 불안이 더 크다는 신호일 수 있습니다.

정신과 의사인 엘리자벳 퀴블러로스(Elisabeth Kubler-Ross)는 책 〈On Death and Dying(죽음과 죽어감)〉에서 상실과 애도 과정은 5가지 단계를 거쳐 치유된다고 하였습니다.

- **부인** : 이 단계에서는 사람들이 상실의 현실을 받아들이기 어려워하며, 감정적 고통이 너무 크기 때문에 자신을 보호하기 위해 사랑하는 사람을 잃은 후에도 아직 살아있다고 주장하거나 악몽을 꾼 것이라고 생각하는 등 현실을 부인합니다.

- **분노** : 부정의 과정이 지나가면 왜 하필 나에게 이런 일이 일어났을까 생각이 들며 자신, 다른 사람, 혹은 죽은 사람, 상황 등 많은 것이 분노의 대상이 됩니다.

- **타협** : 이 단계에서는 현실과 타협점을 찾으려 시도합니다. 통제할 수 없는 상황이 불러일으키는 좌절감과 무력감을 극복하고자 과거에 만약 내가 다르게 행동했더라면 상황이 달라지지 않았을까? 하며 다른 상황을 가정해보기도 하고, 초월적 존재를 이용하여 통제감을 다시 찾으려 시도하기도 합니다. 예를 들어, 사랑하는 사람을 다시 돌려주기만 한다면 무슨 일이든 다 하겠다며 기도를 하는 것 등 현실을 되돌리려는 시도들이 여기에 해당할 수 있습니다.

- **우울** : 더 이상 돌아갈 수 없다는 현실이 명백해지면, 사람들은 지나치게 슬픔과 절망감을 느낄 수 있습니다. 이제 더는 할 수 있는 것이 없으며 앞으로도 괜찮아지지 않을 것이라며 좌절하게 됩니다.

- **수용** : 마지막 단계에서, 사람들은 어쩔 수 없음을 받아들이고 삶의 의미를 갖고 일상을 유지해 갑니다. 수용은 상실을 잊거나 기뻐하는 것이 아니라, 상실을 인정하고 새로운 삶으로 나아가는 것입니다. 예를 들어 사랑하는 사람이 떠나 슬프고 외로운 마음은 평생 갈지도 모르지만, 이렇게 살아있는 한 열심히 살아가야겠다고 다짐하는 것입니다.

우울증을 겪는 부모는 자신의 존재, 일상, 그리고 주변 인간관계마저 잃어버린 상태에 놓일 수 있습니다. 그리하여 우울증이라는 것을 받아들이는 데 위의 과정이 필요할 수 있습니다.

처음에는 '에이, 최근에 좀 무리해서 그럴 거야'라고 부정하다가 '왜 나에게만 이런 일이 생기나?'하며 억울함과 분노를 느낍니다. 그리고는 '노력하면, 기도하면, 잠을 잘 자면 괜찮지 않을까?' 타협을 시도하고, 결국 무엇도 소용이 없다며 한없이 좌절할 수 있습니다. 최종적으로는 우울증이 자신에게 있다는 걸 받아들이고 치료를 포함한 다양한 해결 방안을 찾아보게 됩니다.

부모가 겪는 이런 감정의 변화는 자녀의 치료 권유에 어떻게 반응할지에 큰 영향을 미칩니다. 특히 우울증 수용 과정에서의 분노 단계에 있을 때, 이 분노는 특히 자녀에게로 향할 수 있습니다. 우울증으로 인해 에너지가 부족하고 감정 조절이 어려워지면, 부모는 자녀의 치료 제안에 더욱 예민하게 반응할 수 있습니다. 일상적으로 밥을 먹고 씻는 것조차 굉장히 힘이 들 정도로 에너지가 부족하므로 그 상태에서 자신의 감정을 적절히 느끼고 상황에 맞게 적당히 가공하여 표현하는 것은 어렵기 때문입니다. 또한 타인의 의도를 부정적으로 해석하여 공격적이거나 거절적인 태도를 보일 수도 있습니다. 이러한 반응은 자녀에 대한 무관심이나 반감이 아니라, 우울증을 받아들이는 과정에서 오는 것임을 이해하는 것이 중요합니다.

정신건강의학과 의사를 만나기 전, 부모가 이런 내적 과정을 거치며 다양한 감정을 느끼는 것은 흔한 일입니다. 정신과 의사를 처음 보는 것에 대해 불안하거나 긴장할 수 있으며 의사가 무엇을 물어볼지에 대해 걱정하거나 치료가 어떻게 진행될지에 대해 걱정할 수도 있습니다. 또 어떤 사람들은 도움을 구하고 치료를 받는 것이 그들의 정신건강을 좋게 만들 것이라는 희망을 가지며 안도감을 느낄 수도 있습니다. 이처럼 사람들은 정신과 치료를 찾는 것에 대해 양면적으로 느끼며 복잡한 감정을 가집니다. 따라서 이러한 다양한 감정을 가지고 도움을 구하는 것은 굉장히 용기가 필요한 일이며, 혹여나 거부감이 유독 크다면 두려움이 특히 더 큰 경우일 수 있으니 너무 몰아붙이지는 않는 것이 좋습니다.

▲ 빨리 물에 들어가라며 물을 무서워하는 아이를 강제로 민다면,
그 아이는 얼마나 극심한 공포를 겪을까요? 그게 우리 부모일 수도 있습니다.

부모가 진료받도록 변화 이끌기

바람과 해님이라는 동화에서는 나그네의 옷을 벗기려고 해님과 바람이 시합을 하게 됩니다. 바람이 나그네의 옷을 벗기기 위해 센 바람을 아무리 강하게 불어도 나그네는 오히려 옷을 더 꽉 여미게 되지요. 반면 해님은 나그네를 덥게 해 스스로 옷을 벗고 싶게 만들어 시합에서 이기게 됩니다.

동화의 바람처럼 강하게 상대에 맞서 자신의 힘을 주장할수록 상대 역

시 더 강하게 맞서게 됩니다. 그저 어떤 변화도 일으키지 못하고 싸움만
하게 되는 것이죠. 이것이 아무리 잔소리를 해도 남편이, 아내가, 그리고
자녀가 바뀌지 않는 이유입니다.

실제로 사람들은 남이 아닌, 스스로가 말한 것에 의해 더 잘 설득되는
경향이 있으며, 다른 누군가의 말을 듣고 싶어 하지 않습니다. 그것이 스
스로의 판단에 반하는 말이라면 더욱더 그렇고요.

누군가에게 변화를 일으킨다는 것은 참으로 어려운 일이 맞습니다. 더
군다나 친구나 지인도 아닌 자신의 부모, 혹은 자신의 자녀를 변화시킨다
는 것은 더더욱 어렵습니다. 지나가는 사람이 자신의 말을 듣지 않는다고
화가 그렇게 나지는 않을 테지만, 너무나 가깝다고 생각한 부모가, 그리
고 자녀가 자신의 마음을 이해해주지 못할 때면 화가 머리끝까지 솟구치
고 서러운 마음이 밀물처럼 밀려듭니다. 우울증을 겪는 부모는 자신이 예
전처럼 기능하지 못할까 불안하여 자녀의 좋은 의도의 말도 자존감을 위
협하는 말로 들립니다.

그럼에도 불구하고 부모를 치료 환경으로 인도해 변화를 이끄는 방향에
대해 고민해보았습니다. 효과적이지 않을 수 있지만, 시도해 볼 방법과
실패하더라도 어떻게 마음을 다잡고 부모를 대해야 하는지에 대한 내용을
나누어 보려고 합니다.

단, 부모가 우울증을 겪는 등의 상황으로 불편감이 있어도 병원에 가지
않을 때만 해당하는 것이며, 부모는 실제 불편감을 겪고 있지 않은데 자
녀가 성격상의 이유로 부모는 변화할 필요가 있다고 느껴 치료받게 만들
려는 것은 본문 내용과 맞지 않음을 미리 말씀드립니다.

대화의 방식

최근 급격한 체중증가로 스트레스를 받아 친구에게 이야기했습니다. 그러자 친구가 다이어트를 해야만 하는 이유를 줄줄이 늘어놓으면 어떤 마음이 들 것 같나요?

    Ⓐ 나 너무 살이 찐 것 같아서 걱정돼.

    Ⓑ 못 본 사이에 살이 많이 찐 것 같기는 하네. 다이어트를 당장 해야겠다. 다이어트 안 하면 너 아직 나이가 젊어도 고혈압, 고지혈증도 올 수 있어. 관절에도 무리 오고. 너도 미리미리 해둬야 후회 안 할 거야. 내가 잘 아는 PT 선생님 있으니 소개해 줄게. 얼른 시작해봐.

    Ⓐ 응 알겠어. 소개해줘서 고마워.

친구B는 A에게 도움을 주고 싶은 마음이 컸던 것 같습니다. 분명 좋은 의도였겠지만 A는 아마 다음부터는 B에게 다이어트 고민을 이야기하진 않겠네요. 대부분은 무엇을 해야 할지 누군가로부터 지시받거나 왜 그렇게 해야 하는지 이야기를 들을 때 기분이 불쾌해집니다. 몰라서 하지 않는 게 아니니까요.

그럼 이건 어떨까요?

    Ⓐ 나 너무 살이 찐 것 같아서 걱정돼.

    Ⓒ 아니야 하나도 안 쪘어. 괜찮아. 다이어트 안 해도 돼. 하지 마 하지 마.

    Ⓐ 진짜?

친구C 역시 A에게 도움을 주고 싶었던 마음이 큽니다. A가 체중증가에 대해 상심할 것이 염려되어 무조건 괜찮다고 해주었습니다. 하지만 A는 전혀 안심되지 않았습니다. 사실은 C도 자신이 살이 쪘다고 느끼지만, 마음에도 없는 말을 한 거라고 느껴졌고 한편으로는 나의 고민을 가볍게 받아들인 건 아닌가 하는 생각에 조금 서운하기도 했습니다.

Ⓐ 나 너무 살이 찐 것 같아서 걱정돼.

Ⓓ 아 그래? 그게 걱정됐었구나.

Ⓐ 응. 너무 갑자기 많이 쪄서 건강도 걱정되고 옷도 다 안 맞고 그래서 우울해.

Ⓓ 혼자 고민이 많았었겠네.

Ⓐ 다이어트도 좀 하고 그래야 하는데 몸이 마음같이 잘 움직이지가 않아.

Ⓓ 다이어트 해보려고 했구나. 어떻게 하려고 생각했었어?

Ⓐ 식단 조절도 좀 하고 운동도 좀 하고 그러려고. 예전에 무작정 안 먹었더니 살은 빠지긴 했는데 너무 금방 다시 찌더라구. 그래서 운동을 하긴 해야 할 것 같아.

Ⓓ 운동을 하면 좀 도움이 될 것 같아?

Ⓐ 응. 도움은 많이 될 것 같다는 걸 너무 잘 알고, 지금 해야 하는 중요한 일이라는 것도 잘 알고 있는데도 시작이 참 어렵네.

Ⓓ 맞아. 마음을 먹는 것도 쉽지 않은 일인데 그걸 행동까지 하기는 훨씬 더 어려운 것 같아. 운동은 뭐 생각해 본 게 있어?

Ⓐ PT를 받아야 하나, 필라테스를 받아야 하나 이것저것 운동 찾아보고는 있어. 너랑 이야기하다 보니 일단 오늘 뭐 할지는 정해야겠다.

친구D는 걱정이 되는 친구A의 마음을 알아주고 다이어트를 한다면 왜 하고 싶은지, 어떻게 하고 싶은지, 다이어트를 하는 것이 얼마나 중요한 일인지, 무엇을 하려 하는지 가르치지 않고 물어봐 주었습니다. 그러다 보니 A는 스스로 이것저것 떠올리며 말을 하다 보니 마음이 정리되는 듯 하였습니다.

친구D는 무엇이 달랐을까요? 친구B와 C는 무언가를 하라 혹은 하지 말라는 식으로 자신이 주도적으로 해결책을 제시하였으나 D는 A가 스스로 이야기할 수 있게 하였습니다. 자세히 보면 D의 모든 질문의 주어는 A입니다.

- Ⓐ 다이어트도 좀 하고 그래야 하는데 몸이 마음같이 잘 움직여지지 않네.
- Ⓓ 다이어트 해보려고 했구나. (A는) 어떻게 하려고 생각했었어?
- Ⓐ 식단 조절도 좀 하고 운동도 좀 하고 그러려고. 예전에 무작정 안 먹었더니 살은 빠지긴 했는데 너무 금방 다시 찌더라구. 그래서 운동을 하긴 해야 할 것 같아.
- Ⓓ (A는) 운동을 하면 좀 도움이 될 것 같아(다고 생각해)?

그렇기 때문에 A는 D와 대화하며 자신이 이해받고 있고 대화에 주도적으로 참여하고 있다고 느낄 것입니다.

아무런 문제가 없다는 아버지

아버지는 얼마 전부터 식욕이 많이 줄고 잠을 설쳤지만 이유를 물으면 "나이가 들어서 그런가" 하고 넘기시곤 했습니다. 확실히 이전보다 부쩍 화를 내시고 평소와 달리 하루에 2-3번은 방 정리를 하라는 등의 잔소리를 하십니다. 듣고 있는 저도 짜증이 나서 아버지와 다투는 일도 잦아졌습니다. 한편으로는 변한 아버지의 모습이 염려되어 한번 병원에 가보시라고 말씀을 드렸지만 "괜찮다니까!" 하면서 말을 뚝 자릅니다.

지금 어떤 상태일까요?

아버지는 잠을 잘못 자서 불편할 뿐, 지금까지 그래왔듯 노력하면 이 상태도 잘 지나갈 거라고 생각합니다. 여러 불편감도 경험하고 있지만 의지만 있으면 못할 것이 없다고 생각하십니다. 여태 우울과 불안을 겪어보지 않았기에 자신이 우울증일 거라고는 믿고 싶지 않습니다. 실제로 자신의 마음이 우울하다고 인지하지 못했습니다.

언제 병원으로 데리고 가야 할까요?

한국의 아버지들은 우울한 감정을 자신이 부족한 탓으로 느끼거나 의지로 해결할 수 있는 문제라고 느껴 자신의 감정을 가족, 친구, 지인과 나누는 것을 창피해 합니다. 그래서 힘들다 할 지라도 혼자서만 끙끙 앓기 마련입니다. 아버지가 직접 우울하다고 누군가에게 말씀하시는 경우는 흔하지 않습니다. 하지만 아버지에게 아래와 같은 신호들 중 해당하는 것이 많고, 특히 수면이나 식사와 같은 기본적인 생활의 변화가 생겼다면 우울증은 아닌지 진료를 받아보아야 할 필요가 있습니다.

중년 남성의 우울증을 나타내는 신호들

- ☐ 기력이 떨어져요
- ☐ 이유 없이 눈물이 나요
- ☐ 전과 똑같이 활동하는 데도 너무 피로해요
- ☐ 집중하기가 힘들어요
- ☐ 이유 없이 속이 답답하고 소화가 안돼요
- ☐ 자꾸 욱 하게 돼요. 감정 기복이 심해졌어요
- ☐ 잠을 못 자고, 잠이 겨우 들어도 자주 깨요
- ☐ 식욕이 줄어서 살이 많이 빠졌어요

어떻게 병원으로 모실 수 있을까요?

보험가입을 권유하는 전화를 받아본 경험이 있으실 텐데요. 가입할 생각이 전혀 없는데도 영업원은 각종 보험의 장단점과 치료비 등 혜택을 늘어놓으며 고객님께 딱 맞는 상품이라며 가입을 권유합니다. 그러면 전화를 받은 당사자는 빨리 끊고 싶다는 마음만 들 것이며 와중에 "오늘까지만 더 저렴하게 가입할 수 있다"라는 말까지 들으면 더 화가 납니다. 스스로 병이 있다고 생각하지 않는데, 자녀가 병원에 가보자고 자꾸 말을 할 때 아버지의 마음도 마찬가지일 것입니다.

Ⓐ **자녀** : 아빠 평소와 좀 달라진 것 같은데 정신건강의학과에 가서 괜찮은지 한번 보는 건 어때요?

Ⓑ **아빠** : 병원은 무슨 병원이야 나 아무 문제 없어.

Ⓐ **자녀** : 병원이 꼭 나쁜 데가 아니라. 요즘에는 마음에 뭐가 없어도 가서 검진도 받고 그러는 사람도 있대요. 가봐서 나쁠 건 없으니깐 한번 가보는 게 어때요?

Ⓑ **아빠** : (화를 내며) 나 아무 문제 없다니깐 쓸데없는 소리 하지 마!

그렇다면 어떻게 해야 할까요?

① 설득하려 하지 마세요

스스로 아무 문제 없다고 강력히 부인할수록 그만큼 자신에게 문제가 있을까 봐 불안한 것이기도 합니다. 이런 아버지께 아무리 정신건강의학과에 가보자는 말을 완곡하게 표현할지라도 별로 도움이 되지 않습니다. 오히려 직접적으로 언급하는 자체가 자기방어적 행동을 불러일으킬 수 있습니다. 이럴 때 자녀는 아버지를 어떻게든 정신건강의학과에 보내야겠다고 설득하려는 마음을 일단 내려놓아야 합니다. 그 마음 자체가 아버지의 불안을 자극할 수 있습니다.

│ ② 맞은편이 아닌 옆자리에서

가장 중요한 것은 아버지와 속도를 맞추어야 합니다. 아직 아버지는 '내가 우울증을 겪는 중이다'라는 것조차 받아들이기 힘든 상태로 치료를 받을지 말지를 고민하는 단계가 아닙니다. 이것보다 앞서서 '아닙니다. 아버지는 병원에 가야 합니다.'라는 태도를 보이면 싸움밖에 되지 않습니다. 자녀의 목적은 부모님을 병원에 보내는 것이 아니라, 힘든 시기를 더 수월히 보낼 수 있도록 옆을 지켜주는 것이어야 합니다.

│ ③ 설득하기 이전에 일상에 대한 관심 가지기

사람은 자신의 감정과 생각, 의도를 알아주면 쉽게 마음을 열게 됩니다. 그래서 병원에 가라는 해결책 제시 이전에 '아버지 요즘 잠을 많이 못 주무셨잖아요. 피곤하시죠?' 같은 일상과 관련된 질문을 해야 합니다. 치료에 대한 언급은 아버지의 방어막을 더욱 단단히 만들 수 있습니다. 의도를 갖지 말고 간단하게 하루의 기분이나 뭐하며 지내셨는지 등의 일상을 묻다 보면, 우연히 건넨 질문에 아버지의 요즘 생각과 감정과 걱정을 듣게 될지도 모릅니다. 그렇다면 그저 들어주세요. 아버지가 별말씀을 하지 않아도 괜찮습니다. 들을 준비가 되어있다는 인상만 전해져도 충분합니다.

│ ④ 공감 그리고 또 공감

드라마 속 인물의 아픔은 공감하면서도 정작 가까운 가족의 마음에는 공감하지 못하고 오해하거나 왜곡하는 경우가 정말 많습니다. 아버지도 사람이니 자신의 마음을 누군가가 알아주었으면 하는 욕구가 자연스레 있습니다. 하지만 아버지는 속내를 털어놓기엔 창피한 마음이 들 테니, 그 외로운 마음은 이루 다 말할 수 없을 것입니다. 누구도 알아주지 못했던 아버지의 마음을 딱 한 번이라도 좋으니 알아주세요. 공감의 한 마디에 아버지의 경계가 많이 누그러질 수 있습니다.

"아버지, 그동안 어디에도 속마음 털어놓기가 어려웠을 것 같아요. 친구도 한계가 있을 것 같고, 그렇다고 아버지가 힘들 때 우리에게 털어놓으신 적도 없고, 홀로 많이 외로우셨을 것 같아요."

Q&A 그런데 공감이란 게 뭘까요?

공감하라는 말이 뜬구름 잡는 것처럼 잘 와 닿지 않을 수 있습니다. 공감이란 게 참 어렵기 때문입니다. 하지만 누구와의 관계에서든 특히 설득을 할 때의 공감은 아무리 강조해도 지나치지 않을 만큼 중요한 부분이라 좀 더 자세히 이야기하고 가겠습니다.

Q1 공감이란 무엇일까요?

우리는 공감(Empathy)과 동감(Sympathy)을 종종 혼동합니다. 공감은 다른 사람의 생각과 감정을 상대의 입장에서 느끼고 이해해주는 것입니다. 여기에서 중요한 것은 '상대의 입장에서' 입니다.

친구A : 내가 오타를 하나 냈는데 그거 가지고 팀장이 엄청 뭐라고 하더라고! 아니 자기는 그렇게 잘했대?
공감하는B : 정말 억울하고 분했겠다! 얼마나 힘들었겠어!
동감하는C : 누가 그랬어? 그 놈이 나쁜 놈이네! 나도 예전에 회사 다닐 때 그런 적 있었는데 진짜 너무 짜증나더라고. 야, 그런데 다녀봤자 너만 손해야. 또 그러면 박차고 나와!

아마 친구A는 B의 말에도 C의 말에도 위로 받는 느낌을 느꼈을 수 있습니다. 공감도 동감도 이타적 의도에서 시작되며 어떤 상황에서는 모두 좋은 반응이 될 수 있으니깐요. 이 경우는 친구A와 C가 팀장에게 느낀 감정이 유사하기 때문에 C의 반응에 A의 속이 더 후련했을 수 있습니다. 하지만 친구의 감정을 정확히 모르고 섣부르게 동감한다면 오히려 불편한 느낌을 줄 수 있으니 주의해야 합니다.

친구E : 토요일에 데이트하기로 했는데 남자친구가 까먹고 잔다고 안 나와서 완전 기운 빠졌지 뭐야.

공감하는F : 데이트 기대하고 있었을 텐데, 아쉬웠겠다. 남자친구에게 좀 서운했겠어.

동감하는G : 어떻게 그럴 수가 있어? 여자친구랑 주말에 데이트하는 건데 어떻게 그런 걸 까먹을 수가 있지? 남자친구 너무해.

공감과 동감의 차이가 느껴지나요? 공감은 단순히 맞장구 치며 위로하고 상대의 의견을 무작정 지지하는 게 아닙니다. 공감이 상대방 입장에서의 감정과 느낌을 이해하는 것이라면, 동감은 자신의 입장에서 상대방에 대해 연민이나 측은함, 걱정 등의 감정을 느끼며 자신의 과거 감정과 경험에 미루어 상대의 감정을 느끼는 것으로 그 사람의 감정을 섬세하게 이해하지는 못할 수 있습니다. 공감은 꼭 나와 상대의 감정이 일치해야 하는 게 아닙니다. 상대와 다른 생각과 감정이 들어도 괜찮습니다. 다만, 그러한 자신의 입장을 내세우지 않는 것입니다.

친구G는 아마 자신의 전남자친구가 자신과의 약속을 까먹고 데이트에 나오지 않았던 기억을 떠올리며 그때의 감정에 빠져 더욱 화가 났을 지도 모릅니다. 만약 동감하는 G가 E보다 더 격렬히 화를 냈다면 E는 오히려 '왜 지가 더 저렇게 화를 내지?'하며 거부감이 들 수도 있습니다. 같은 일이라도 E와 G에게 어떻게 느껴지는지는 다를 수 있기 때문입니다. 이처럼 같은 경험을 해야 공감을 할 수 있는 것은 아니며, 오히려 비슷한 경험을 했기 때문에 더 이해하지 못하는 경우도 생길 수 있습니다.

어떤 사람은 돌아가신 할머니에 대한 그리움이나 죄책감이 크지 않을 수 있고, 어떤 사람은 엄청난 상실감과 슬픔에 빠져들 수 있습니다. 각자의 입장에서 다 그럴 수 있는 것입니다. 이때 한 친구가 '나는 할머니 돌아가셔도 하나도 안 슬프던데, 너도 시간 지나면 괜찮을 거야'라고 다른 친구에게 말하는 것은 자신의 입장에서 하는 동감에 해당하며, '할머니가 어렸을 때부터 키워주시고 할머니와 함께 한 시간이 많았다면 할머니를 떠나 보내는 일이 정말 슬프고 힘들겠다'라고 상대의 입장이 되어 마음을 알아주는 말을 표현했다면 공감에 해당합니다. 공감하다를 영어로 'put yourself in their shoes'라고 하는데, 공감을 정말 잘 표현한 숙어인 듯 합니다.

오히려 '상대와 같은 마음이어야 한다는 생각' 때문에 공감이 더 어려워지기도 합니다. 친구A와 친구B가 여행을 갔습니다. A는 계획을 열심히 짜는 편이며 계획대로 되지 않으면 짜증이 나고, B는 즉흥적으로 여행하는 편이며 예상치 못한 일이 생겨도 별로 화가 나지 않습니다. 예상치 못한 일이 생겼을 때 서로 완전히 다른 반응을 보이겠지만, B가 A에게 공감할 수 있으려면 A와 같지 않아도 된다는 생각을 갖고, '나는 계획을 안 짜니 미리 준비한 게 없어서 돌발상황에 화가 나지 않는데, A는 계획대로 실행하려 노력하는 친구니 화가날 수 있겠다'라고 이해하는 것이 공감입니다. 만약 B가 A에게 공감하려는데 반드시 마음이 같아야 한다고 생각했다면, '아무리 생각해도 A의 반응이 이해 안 돼. 돌발상황이 생길 수도 있지 왜 그리 화를 내는 거지? 나라면 그렇게까지 짜증날 것 같진 않은데'라는 식의 반응이 나올 수 있습니다. 자신이 상대와 같은 상황에서 같은 감정을 느껴야 한다는 생각을 버려야 진정한 공감이 가능합니다.

어떤 상황을 어떻게 느껴야 한다고 정해진 건 없습니다. 사람에 따라 수천 가지의 반응이 있을 수 있습니다. 그 모든 것이 정답입니다. 그래서 부모가, 친구가, 동생이 느끼는 것은 나와 다를 수 있고 다른 것이 맞습니다. '어째서 저런 식으로 말하고 행동하지?'라는 생각이 들며 부모가 이해되지 않는 순간이 많습니다. 부모는 나를 키운 것이지, 나의 성장환경과 경험이 같지 않습니다. 이는 공감하기 위해 마음 속에 꼭 가져야 할 중요한 전제입니다.

공감은 내가 그 사람의 마음을 정확히 '모른다'는 것에서 시작해야 합니다. 상대의 마음이 자신과 같을 것이고 자신처럼 생각할 것이라는 전제는 과감히 버리세요.

Q2 오해) 공감만 해주면 오히려 상대의 주장이 더 강해지지 않나요?

과민한 사람에게 공감을 많이 하면 '내가 다 옳아'라고 생각하며 좋지 않은 행동이 더 강화될 것이라 생각하시는 분들이 많습니다. 그래서 가족간에도 자신의 마음을 알아 달라고 몸부림치는 말과 행동을 보면서도 외면하는 일이 생깁니다. 아마 공감이 아니라 '무작정 편드는 동감'을 생각하셔서 생기는 염려일 듯합니다. 성향상 평소에도 자기 주장이 강한 분들도 있지만 그런 편이 아닌데도 평소보다 자신에 대한 이야기를 수십 차례 반복해서 말한다면, 상대가 정말 자신의 마음을 몰라준다고 느끼기 때문일 수 있습니다. 마음을 잘 몰라주기에 더 강하고 자극적으로 이야기해야만 알아줄 거라고 생각해 지나치게 표현하게 되는 것이며 이게 갈등으로 이어지기도 합니다.

반면에 공감을 한다면 처음에는 마음을 알아준다는 기쁨에 더 많은 속내를 말하기도 하지만, 충분히 이해 받는다고 느낀다면 굳이 여러 번 같은 이야기를 반복하지 않고, 자신의 뜻을 굽히지 않으려는 태도도 유연해집니다. 병원에 가자고 권유했을 때도 가기 싫다고 지나치게 강하게 말하는 느낌이 든다면, 자녀가 자신의 마음을 이해하지 못한다는 생각이 강해서 그럴 수 있습니다. 그럴 때일수록 한 발 물러서서 병원에 가고 싶지 않을 수밖에 없는 마음을 이해하려 노력할 필요가 있습니다.

공감은 이해만큼이나 표현이 중요합니다.

표현하지 않으면 공감이 아닙니다. 부모는 자녀의 마음을 알면서도 약해지거나 자만할까 싶어서라든지 공감의 표현 자체가 낯부끄러워서든지 괜히 거칠게 말을 뱉기도 합니다. 인간은 독심술 능력이 없기에 모든 순간 말의 의중을 알아채기는 불가능합니다. 속으로 아무리 마음을 알아준다 한들, 표현하지 않는다면 관계에 도움이 되지 않습니다. 비로소 표현함으로써 공감은 완성됩니다.

공감은 단순히 몇 가지 기술로 할 수 있는 것이 결코 아닙니다. 하지만 공감받은 경험이 적다면 공감하더라도 표현하기에 어려움을 느낄 수 있습니다. 자신의 생각과 다르더라도 상대의 입장에서는 그만의 이유로 그럴 수 있겠다고 진정 이해된 상태라면, 공감을 나타내는 표현을 알아두는 것이 도움이 될 수 있습니다.

- 상대가 억울한 일을 이야기 했을 때, '나는 네 마음 다 알아'라고 두루뭉술 대답하는 건 공감이 아닙니다. 구체적으로 '네가 그런 것도 아닌데, 오해 받았으니 정말 억울했겠다'로 상대가 한 말을 자신의 언어로 반복하며 말에 담긴 감정을 언급하세요. 이를 '반영'이라고 합니다.
- '그랬어요? 그럴 수 있었겠네요. 많이 힘들었겠어요. 그랬었군요.'와 같은 말들로 상대의 말을 부정하지 말고 있는 그대로 받아들이는 반응을 하세요.
- 상대가 한 말의 문장이나 단어 일부를 반복해보세요. 예를 들면 '나 이제 운동하려고!' 했을 때 '운동? 무슨 운동 하려고?' 이런 식으로 가장 중요한 단어를 되뇌면, 상대는 자기 이야기에 귀 기울이고 있다고 느끼며 더 이야기를 하고 싶어집니다.
- '좀 더 이야기해주세요'와 같이 더 자세히 말해달라고 요청하며 관심을 표현하세요. 다만, 상대가 부담을 느끼는 경우에는 취조가 될 수 있으니 주의하세요.

⑤ 당신은 문제가 아닙니다

폐렴에 걸리면 폐에 문제가 생겼다고 받아들이지만, 우울증에 걸렸을 때는 뇌의 문제가 아니라 나의 문제로 받아들이는 경향이 있습니다. 다른 신체질환과 달리 뇌의 신경전달물질의 이상은 눈에 보이지 않는다는 이유로 다른 장기와 다르게 받아들여집니다. 아버지는 자식으로부터 병원에 가보라는 말을 들었을 때 '나를 걱정하는 구나'가 아니라 '내게 문제가 있다고 말하는 구나'로 받아들여 더 방어하게 됐을 겁니다. 그래서 '아버지의 문제가 아닙니다'라는 인상을 주는 게 매우 중요합니다.

가족구성원 치료에 참여시키기

가족 중 한 명이 어딘가 아프면 더 과민해질 수밖에 없기 때문에 가족간에 갈등이 쉽게 생길 수 있습니다. 혹시 부모 사이에 갈등이 잦거나 대화가 거의 없는 등 관계가 원만하지 않다면, 당사자의 개인치료 이전에 부부치료를 권유하는 것도 하나의 방법일 수 있습니다. 아무래도 아버지 당사자만의 문제로 병원에 가보라고 했을 때보다는 부부의 '관계' 문제가 대상이 되므로 치료에 대한 아버지의 거부감이 덜할 수 있습니다. 물론 이때는 배우자의 협조가 중요할 것입니다. 실제 부부치료를 통해 부부관계가 개선되면 아버지의 우울증 회복에 큰 도움이 될 수 있습니다. 또한 부부치료 중에도 치료자의 판단 하에 개인치료가 필요하다면 권고하게 되며, 아버지 입장에서는 자녀에게만 권유를 받았었는데 제3자인 전문가에게도 권유를 받게 되면 긍정적인 생각의 변화가 있을 수 있습니다.

부모의 감정에 호소하기

자녀 입장에서의 감정을 솔직하게 표현해보세요. 극단적인 경우를 제외하고는 부모는 자녀를 누구보다 사랑합니다. 자녀가 진심으로 자신을 걱정하고 진정성 있게 이야기하는 것을 외면하기 쉽지 않을 것입니다. 단, 이때도 아버지의 문제를 이야기하기보다는 '자녀 본인의 불안'에 초점을 두고 이야기하면 조금 더 아버지가 수월하게 받아들일 수 있습니다.

"아버지, 요즘 들어 아버지가 잠도 못 주무시고 기력도 쇠약해진 모습을 보니 제가 염려가 많이 됩니다. 건강에 이상이 없다니 다행이지만, 혹시나 몰라 정말 괜찮은지, 저와 같이 딱 한 번만 병원에 가주셨으면 좋겠어요. 제가 아버지가 너무 염려가 돼서 그런 거니, 가서 괜찮다고 하면 저도 안심이 될 것 같고, 아니라고 하면 또 적절한 도움을 받을 수 있으니 안심이 될 것 같고, 혹여나 병을 키우는 것이 될 까봐 불안합니다."

아버지가 어느 정도 수긍하는 모습을 보인다면, 직접 병원을 예약해서 처음은 아버지와 함께 가시는 것이 좋습니다.

일단 동조하기

문제가 없다고 하시는 아버지의 말씀에 반박하려 하지 말고 동의하지 않더라도 일단 동조해 주세요. "아버지는 지금 너무 잘하고 계시죠. 별다른 문제가 없으신 게 맞죠. 잠만 더 잘 주무시면 아무 문제가 없기는 한데 그렇지 못하고 계시니 걱정이 되기는 하네요. 잠만 좀 더 잘 주무시면 지금보다 더 에너지틱해질 텐데요!" 아버지가 우울증이 있다는 사실을 자녀가 상기시킬 필요는 전혀 없습니다. 아무 문제가 없고 수면만 괜찮아지는 것을 목표로 하더라도 진료를 받기로 결심한다면, 진료를 받지 않는 것보다는 훨씬 나을 테니깐요.

┃ ⑥ 판단은 마음 속으로

공감을 하기 위한 가장 중요한 덕목을 고르자면 '판단하지 않기'입니다. 선입견이나 편견, 너무 높은 기대, 상대방에 대한 과도한 염려나 걱정 등이 있을 때는 상대를 객관적으로 보는 것이 어렵습니다. 무엇이 판단이고 무엇이 사실일까요? 예를 들면, 병원에 가라고 해도 가기 싫다고 하는 아버지를 보며 '아버지는 고집불통이다'라는 판단이 머릿속을 스쳐 지나가겠지만, 사실만 보자면 '아버지는 병원에 가지 않겠다고 말했다'입니다.

하지만 모르는 사람도 아닌, 부모의 말을 판단하지 않고 듣는 일은 굉장히 힘이 듭니다. 그렇기 때문에 자녀인 나 자신이 '할 수 있는 만큼'만 들어주는 것이 중요합니다. 자녀의 정신건강 역시 부모의 정신건강만큼 소중합니다. 억지로 들어주려 애쓰다가 괜히 더 화만 내게 될 수도 있습니다. 딱 할 수 있는 만큼만 듣고, 공감이 어렵다면 그냥 머릿속에 떠오르는 판단을 입 밖으로 소리 내어 말하지만 않아도 괜찮습니다. 판단이나 섣부른 조언을 밖으로 표현하는 것만 주의해도 마음이 닫히지는 않습니다.

| ⑦ 아버지의 자율성 존중

누군가로부터 선택을 제한당하게 되면 자신의 자유를 다시 주장하고 싶어지고 결과적으로 심리적 반발을 나타내게 됩니다. 반면 선택에 대한 자유를 직접적으로 인정해주면 오히려 상대의 방어를 줄일 수 있고 변화를 촉진할 수 있다고 합니다. 이에 따르면 "병원에 가보는 게 어때요?"라고 말하기 이전에, 아버지 본인이 가장 불편함을 느끼는 부분에 초점을 맞추어 '아버지, 요즘 잠을 많이 못 주무셨잖아요. 아버지는 어떻게 하면 좋을 것 같으세요?'라는 질문으로 대체하여 아버지의 자율성을 존중하는 태도가 필요합니다. 아버지도 나름의 노력을 부단히 하고 있기 때문에 아버지의 입장이 있을 수 있고, 스스로도 한번 생각해 볼 기회가 될 수 있습니다. 아버지가 어떤 대답을 하든 여기에 꼭 동의하지 않아도 괜찮습니다. 하지만, 아버지의 마음도 자유로울 수 있는 것입니다.

자율성을 존중하는 또 다른 방법으로는 행동을 지시하는 것이 아닌 아버지께 있는 그대로의 현상까지만 알려주는 것이 좋습니다.

아버지, 힘들어 보이시는데 병원에 한번 가보셔요. (X)
아버지, 요즘 잠을 이전보다 못 주무시고 식사량이 많이 줄으셨네요. (O)

누구나 자신에게 강제로 명령하거나 지시하면, 하려고 했던 것도 하기 싫어집니다. 행동에 대한 결정권을 상대방이 갖도록 하는 것이 중요합니다. 어떻게 할지는 본인이 결정할 수 있다고 느낄 수 있도록 말입니다.

| ⑧ 비뇨의학과 진료 먼저 보기

대한남성과학회가 2011년 국민건강보험공단 자료를 바탕으로 40~80대 남성 1,895명을 분석한 결과에 따르면 국내 40대 남성의 갱년기 유병률은 27.4%, 50대는 31.2%, 60대는 30.2%에 이른다고 합니다. 즉 40-60대의 남성 중 약 3명 중 한 명은 갱년기에 해당할 만큼 흔합니다. 실제 갱년기 증상과 우울증 증상은 겹치는 것이 많습니다.

갱년기 자가진단법

☐ 1. 최근 성욕이 줄었다

☐ 2. 무기력하다

☐ 3. 근력 및 지구력이 감소했다

☐ 4. 키가 다소 줄었다

☐ 5. 삶에 의욕과 재미가 없다

☐ 6. 슬프거나 짜증이 많이 난다

☐ 7. 발기력이 감소했다

☐ 8. 조금만 운동해도 쉽게 지친다

☐ 9. 저녁 식사 후 졸음이 잦다

☐ 10. 업무능력이 감소했다   출처: 대한비뇨기과의사회

*1번 또는 7번이 '예'이거나 위 질문 중 3개에 '예'라고 대답한 경우 전문가와 상담이 필요합니다.

위 진단이 갱년기를 확실하게 판별하는 것은 아니지만, 해당하는 것이 많고 최근 몇 년간에 걸쳐 서서히 진행되었다면 진료를 받아 테스토스테

론 호르몬 검사를 해볼 수 있습니다. 남성 호르몬 수치가 떨어져 있다면 갱년기로 진단하게 됩니다.

정신건강의학과로 바로 오는 게 어렵다면, 갱년기 검사를 위해 비뇨의학과 진료를 먼저 권유하세요. 실제 비뇨의학과에서 혈액검사를 통해 호르몬 수치를 확인하고, 호르몬 수치가 낮다면 치료를 받고 기분 및 인지 증상이 호전되는 경우도 있습니다. 검사에서 호르몬 이상이 전혀 없었다면 우울장애의 가능성이 있으므로 비뇨의학과에서 정신건강의학과 진료를 권유할 것입니다.

갱년기와 우울증, 어떤 차이가 있나요?

여성의 갱년기는 40-50대에 주로 발생하며 난소기능이 중단되어 폐경이라는 명확한 징후가 있으며 폐경기 전후로 안면 홍조, 질 분비물 감소 등과 같은 신체증상이 명확한 편입니다. 하지만 남성은 여성과 달리 70-80세까지도 생식력을 유지할 수 있으며, 폐경기에 발생하는 여성 호르몬 수치의 급격한 감소와 달리 남성의 활성 테스토스테론 수치감소는 40대 중후반에 시작되어 80대까지 매우 점진적으로 나타날 수 있습니다. 따라서 남성의 호르몬 분비 감소로 인한 신체적, 정서적 영향은 여성의 경우보다 덜 극적이고 덜 분명하여 더욱 인지하기 어려울 수 있습니다.

반면 주요우울장애는 비교적 빠르게 발병하는 경향이 있습니다. 지난 몇 달 동안 잘 기능했다가 수 주 혹은 수개월 내에 대인관계나 직장생활 등의 기능에 큰 문제가 생기기 시작합니다. 또한 부정적인 생각과 자살 생각을 더 많이 경험합니다. 그럼에도 남성 갱년기와 우울장애는 증상만으로는 구별이 어려울 만큼 유사한 증상이 많이 나타납니다.

남성 갱년기	우울장애
불쾌감	불쾌감
집중의 어려움	집중의 어려움
기억력 저하	기억력 저하
피로	피로
생산성 감소	생산성 감소
동기 저하	동기 저하
자존감 저하	자존감 저하
불안 증가	불안과 자살 사고의 유의한 증가

반면, 남성 갱년기에만 드러나는 신체적 증상도 있습니다.

남성 갱년기	우울장애
혈관운동증상 (예 안면 홍조)	해당 없음
지구력 감소	해당 없음
피부 변화	해당 없음
노화 관련 변화	해당 없음
신체적 통증	통증 있을 수 있음
성욕 감소	감소 있을 수 있음
사정 문제	해당 없음

 대체로는 남성 갱년기가 성적, 신체적 증상을 동반하지만 모두 그러한
것은 아니며 성생활을 하고 있지 않아 성적 증상이 두드러지지 않는 남성
갱년기, 혹은 우울장애로 인해 성기능 저하가 온 경우에는 한 순간에 드
러난 증상만으로는 구별이 어렵습니다. 이전 병력, 발생 경과 및 최근 스
트레스 요인 등을 잘 살펴보고 혈액검사에서 테스토스테론 수치가 떨어져
있는지를 통해 갱년기와 우울증을 감별해야 합니다. 또한 함께 발병할 수
도 있기 때문에 비뇨의학과에서 호르몬 치료를 한 후에도 우울증상이 지

속된다면 정신건강의학과 진료가 권유됩니다. 정신건강의학과에서도 성기능 저하 부작용이 없는 항우울제 치료를 하며 우울증상이 호전되었음에도 불구하고 성적, 신체적 기능이 떨어진다면 테스토스테론 호르몬 수치 검사를 권유합니다. 즉 중년 남성은 두 가지 가능성을 함께 고려하며 평가 및 치료를 진행하게 됩니다.

다음 사례는 갱년기와 우울증이 함께 있는 경우로 두 가지 치료가 모두 필요합니다.

58세 남성이 불면, 식욕 부진, 에너지 부족, 신체활동 감소 및 성기능장애를 주소로 내원하였습니다. 이전 3번의 우울 삽화 병력이 있었던 분으로 현재 항우울제를 복용 중이었음에도 그동안은 성적으로 활동적인 편이었습니다. 항우울제 변경 후 다음 내원 시 더 잘 자고 기분이 좋아졌다고 했으나 여전히 피로, 허약감, 성욕 부족을 호소하였습니다. 테스토스테론 검사 결과, 하한치보다 훨씬 낮은 수치를 보여 테스토스테론 호르몬 치료도 함께 받기 시작하였고 이후 우울증상, 체력, 성욕 및 신체활동은 더욱 좋아짐을 보고하였습니다.

이러한 여러 방법을 총동원해도 아버지가 단번에 병원에 갈 가능성은 매우 낮습니다. 이 단계에서는 아무런 문제가 없다던 아버지가 '치료를 받아볼까?'라는 고민을 한 번이라도 해본다면 자녀분께서 정말 잘 해내신 겁니다. 치료에 대한 양가감정만 생겨도 변화를 위한 큰 추진력이 될 수 있습니다.

OOO 해야 해, OOO 하면 안 돼, OOO 를 하는 게 좋아

위처럼 지시하거나 조언하는 말을 많이 쓰시나요? 혹은 '그럴 수 있지, 그렇구나, 응 맞아, 그래'처럼 반응하고 동조하는 말을 많이 쓰며 경청자의 역할을 주로 하시나요? 모든 말을 생각하고 내뱉지는 않기 때문에 무의식적으로 뱉게 되는 우리 말은 나름의 형태를 가지고 있습니다. 어떤 사람은 조언자의 역할, 어떤 사람은 경청자의 역할, 어떤 사람은 그 사이 어딘가의 형태를 띄고 있을 수 있습니다. 자신이 어떤 말의 습관을 가지고 있는지를 스스로 알아차려야 자신의 말의 형태를 조절할 수 있습니다.

혹시 '지시하기'의 언어를 많이 쓰고 있다고 느껴진다면, 적어도 부모에게 이야기할 때는 줄이는 게 좋습니다. 사실 지시하는 언어를 가장 많이 쓰는 사람은 부모입니다. 태어나서 지금까지 무수한 성장 과정에서 우리는 얼마나 많은 지시를 받아왔을까요? 꼭 필요할 때도 있었을 것이고, 그렇지 않은 때도 분명 많았을 겁니다. 부모의 돌봄이 필수적인 어린 나이일 때는 특히 필요했을 것입니다. 하지만 점점 성장하며, 예를 들면 청소년기에 공부하라는 부모님의 지시는 분명 좋은 의도이고 자녀를 위한 마음이지만, 이 말을 듣는 자녀에게는 이러한 사랑의 의도가 잘 와닿지 않을 수 있습니다. 그저 오늘도 또 시작된 잔소리에 불과할지 모르죠. 의도만큼, 아니 의도 이상으로 중요한 게 표현법입니다.

그렇다면 왜 부모가 이런 지시적인 언어를 가장 많이 쓸까요? 어느 누구보다도 자녀를 사랑하는 사람이 부모일 텐데요. 이러한 지시적 언어사용은 습관일 수도 있고 부모 역시 부모의 부모로부터 지시적인 언어를 많이 들어왔기 때문일 수도 있습니다. 또한 누군가를 돕고자 하는 이타적 마음이 크면 클수록 지시적 대화 방법을 더 과도하게 사용하게 되기도 합니다. 반드시 돕고자 하는 강렬한 마음이 이러한 대화법을 가져오기도 하니깐요. 자녀 역시 마찬가지입니다. 부모님을 정신건강의학과 진료를 받게 할 때든, 건강검진을 받도록 하든, 부모님이 꼭 했으면 하는 간절한 마음이 너무 큰 나머지 자신도 모르게 지시적이고 자신의 의견이 다 맞는 것처럼 말로 표현하기가 쉽습니다. 그래서 스스로 쓰고 있는 언어가 어떤 언어인지 한번 돌아보는 것이 좋을 것 같습니다.

우울하다고 느끼지만 진료는 망설이는 어머니

어머니가 걱정되기 시작했습니다. 한달 전부터 어머니가 표정도 없어지고 부쩍 눈물을 흘리는 일이 잦아졌기 때문입니다. 먹는 것도 참 좋아하시던 어머니였는데 밥도 몇 숟갈 안 드시고, 매일 밤 잠을 설치는 어머니를 보니 우울증이 아닌가 걱정이 됩니다. 어머니께 조심스레 우울증이 아니냐고 말씀 드리니 자신도 우울하다는 것을 인정하셨습니다. 이어서 정신건강의학과에 한번 가보는 것을 권유해 보았지만 어머니는 요즘 우울하긴 해도 충분히 스스로 극복할 수 있을 것 같다고 하시며 아직 병원에 갈 정도는 아니라고 합니다. 하지만 그 이후로도 잠을 계속 못 주무시고 갑자기 눈물을 터뜨리는 일이 잦았습니다. 이런 어머니의 상황을 보면서 저는 매우 힘들었습니다. 병원 가기를 거부하며 화를 내시면 저도 상처받고 화가 납니다. 무력하게 지켜보고만 있자니 죄책감도 들고요. 단지 아프지만 않으셨으면 하는 마음 뿐인데, 답답한 나머지 몇 차례 더 권유했더니 '알아서 할게'라시며 화를 내셨습니다.

지금 어떤 상태일까요?

우울감이 높아져 있는 상태이며, 수면과 식사 같은 기본적인 생활을 포함한 일상생활에까지 지장이 있다면 우울증을 예상해 볼 수 있습니다. 모든 감정이 그렇듯 우울감도 시간이 흐르며 줄어들거나 다른 감정으로 변하기도 하지만, 지나가는 우울감이 아니라 우울증을 겪고 있다면 시간이 지난다고 꼭 사라지는 건 아닙니다. 흔히 우울감과 우울증을 감기와 폐렴에 비유하는데, 감기는 특별한 치료를 하지 않더라도 잘 자고 잘 먹고 지내다 보면 회복되듯이 우울감도 회복됩니다. 하지만 우울증은 실제 뇌에 생물학적 변화가 생긴 것입니다. 제대로 된 평가와 치료가 필요합니다.

어머니의 양가감정

부모가 꼭 틀린 것은 아닙니다. 나름의 방법으로 현재 자신이 직면한 어려움을 최선을 다해 이겨내는 중이니까요. 도움을 받고자 하는 마음도 있는 한편, 의학적 도움을 필요로 하는 게 자신이 약해서인 것 같다는 생각도 들기에 선뜻 도움을 받고자 결심한다는 게 결코 쉽지 않습니다.

제 이야기를 조금 해보자면 전공의 시절, 인대 손상으로 수 개월간 목발과 휠체어를 보조 삼아 근무했던 적이 있습니다. 대학병원에서 가운을 입은 채 목발을 짚고 힘겹게 걸어가다 보면, 많은 환자분이 저를 가리키며 "의사 선생님이 다쳤다"라며 지나가시기도 하고, 아침 회진을 돌면 제가 환자분들께 안부를 묻는 게 아닌 반대의 상황도 종종 있었습니다. 다리를 다치는 건 누구에게나 있을 수 있는 일인데도 불구하고, 가운을 입고 목발을 짚고 삐걱대는 제 모습이 어찌나 부끄럽고 창피했는지 모릅니다. 먼

거리를 이동해야 할 때는 가능한 사람이 적은 시간대까지 기다렸는데, 도움을 요청하기보다는 이 모습을 아무에게도 들키고 싶지 않은 마음이 컸습니다. 저는 그냥 다쳐서 다리가 아플 뿐이었는데 말이죠. 아마도 저는 의사이기에 '도움을 주는 사람이 도움을 받는 건 이상하다'라는 생각이 확고해서 더 창피했던 것 같습니다. 의사이기 전에 한 인간으로서, 나 자신이 도움이 필요한 존재라는 것은 지극히 당연한 사실이지만 이를 받아들이기가 결코 쉽지는 않았습니다.

한편으로는 휠체어를 밀어달라고 부탁할 수도 있고, 목발로 이동할 때는 짐을 들어달라고 편하게 도움을 요청할 수 있다고 생각하면서도 '뭐 이런 모습까지 남에게 보이나' 하며 혼자서 해보겠다며 숨어 끙끙대던 날들이 있었습니다. 도움을 받고 싶지만 받고 싶지 않았습니다. 시각 장애인에게 도움을 줄 때도 힘들어 보인다고 무작정 돕는 것이 아니라 도움을 드려도 될 지 의사를 물어보고 도우라는 말을 들어보신 적이 있을 겁니다.

이런 신체적 불편감조차 타인의 도움을 구하는 데 갈등이 있습니다. 그나마 신체적인 불편감은 의학적인 도움을 요청할 때 크게 망설이지 않습니다. 예를 들어, 몸이 아프면 병원에 가서 진료를 받거나 약을 처방받는 것이 일반적입니다. 반면 심리적 불편감, 우울증과 같은 경우에는 사람들이 도움을 구하는 데 훨씬 더 많은 갈등과 주저함을 겪습니다. 여기에는 우울증은 치료가 반드시 필요한 질환이라는 인식이 부족한 것도 많은 영향을 끼칩니다. 뿐만 아니라 다른 신체질환은 혈액검사, 내시경 등 검사 결과로 분명히 알 수 있지만, 심리질환은 검사로만 진단할 수 없어서 본인이 직접 말하고 싶지 않은 것까지 다 말해야 할 때가 있으며, 치료 또한 의사와 대화를 하며 이루어지는 것이라 더한 저항감이 있을 수 있습니다. 모르는 사람에게 속마음을 털어놓아야 한다는 불안감과 수치심은 상당할 수 있습니다. 약만 받는 치료는 하기 싫다는 사람도 있지만, 약만 받고 싶다는 사람도 있는 이유가 바로 그것입니다. 그래서 부모가 우울증이라는 것을 인지하여 도움을 받아야 하나 싶으면서도 또 도움을 받고 싶지 않다는 것은 지극히 당연한 양가감정입니다.

어떻게 병원으로 모실 수 있을까요?

A와 B가 같은 헬스 클럽에 운동을 하러 갑니다. A는 최근 체중이 증가하여 다이어트를 해야겠다는 생각에 PT를 받을까 고민했지만 금액이 부담이었습니다. 그때 처음 본 트레이너가 "지금 살이 많이 쪄서 보기가 좋지 않으니 PT로 체계적인 식단관리 및 운동을 해야 할 필요가 있어요. PT 반드시 하셔야 합니다."라고 했습니다.

B는 헬스 클럽에 가면 언제나 트레이너 선생님이 활기차게 반겨줍니다. 운동할 때 모르는 것이 있으면 물어보라고도 하고 운동을 하는 목적이 어떤 것인지 물어보기도 하고 꼭 운동 이야기 이외에도 개인 안부를 물어봐 주기도 합니다. B는 혼자서도 열심히 운동을 하고 있었기에 딱히 PT를 받을 생각은 없었는데 트레이너 선생님이 어느 날 여느 날과 같이 "오늘도 운동을 정말 열심히 하시네요 회원님. 혹시 혼자 운동하시는 데 어려움은 없으세요?" 랍니다. 생각해보니 몇 개월 동안 같은 기구로만 운동하다 보니 써보지 않은 기구들도 도전해보고 싶은 마음이 들었고, 최근 일이 바빠져서 운동하지 않는 날이 많아진 것도 아쉬웠습니다. 하지만 PT는 비용적으로 부담이 되어 이러한 어려움을 말하자, 트레이너 선생님은 고비용의 PT를 선뜻 결정하기에는 어려움이 있을 거라고 공감을 해주었습니다. 그리고 B는 운동을 열심히 하는 편이라 PT가 반드시 필요하지 않을 수 있지만, 어

려움을 느끼는 부분에는 도움이 될 수 있을 거라고 했습니다. 집으로 돌아
가는 엘리베이터에 늘 붙여져 있었던 30% 할인 프로모션 전단지가 갑자기
눈에 들어왔습니다.

A는 PT 받을 생각이 있었지만 트레이너와 이야기한 후 생각이 사라졌
으며, B는 PT 받을 생각이 없었지만 트레이너와 대화 후 PT를 해볼까 하
는 고민이 생겼습니다. A의 트레이너는 A가 무얼 목적으로 운동하는지도
묻지 않고 본인의 생각을 강요하여 A를 위한다는 느낌이 전혀 들지 않았
습니다. B의 트레이너는 무엇보다 관계를 쌓는 시간이 있었으며 B가 어
떤 마음으로 운동을 하며 어려움이 있는지를 궁금해 했고, B의 성실함을
인정하며 PT를 통해 원하는 방향으로 더 가까이 갈 수 있다는 말을 했습
니다. 무엇보다 당장 하라며 강요하지 않고 선택권을 주었습니다.

PT 상품을 판매하는 상업적 목적을 가진 트레이너와 부모를 위해 진료
를 권하는 자녀를 비슷한 상황으로 보기에는 무리가 있지만, 자녀에게도
B를 설득했던 트레이너의 태도가 필요합니다.

│ ① 관심 가지기

부모가 자신의 우울증을 인지하든 못하든 중요합니다. 현재 어떤 마음
상태인지, 어떤 게 힘든지, 힘든 마음을 어떻게 하고 싶은지 물어봐야 합
니다. 부모도 자신이 할 수 있는 노력으로 병원에 가지 않았을 뿐 힘든 하
루하루를 견디는 중이며 '우울증'과 싸우고 있다는 것을 알아야 합니다.
그것을 우선 인정하고 병원에 가는 게 해결책이라고 강요하기보다는 부모
의 염려를 인정하세요. 그래야 자녀의 말에 부모는 더욱 열린 마음을 갖
게 됩니다.

Ⓐ **자녀** : 엄마, 요즘 좀 기운이 없어 보이네요. 어때요?

Ⓑ **어머니** : 그냥 그래. 요즘 기력이 없긴 하네.

Ⓐ **자녀** : 많이 힘들겠어요. 저랑 이야기하고 싶은 거 있으면 언제든지 말해주세요.

Ⓑ **어머니** : 아무것도 하고 싶지 않아, 그냥 조용히 있고 싶어.

Ⓐ **자녀** : 힘들 때 옆에서 함께 할 수 있는 것 뭐라도 도움이 되고 싶네요.

Ⓑ **어머니** : 음…정말 고마워, 그래도 괜찮아. 나 혼자서도 해볼게.

Ⓐ **자녀** : 알겠어요. 엄마, 혹시 전문가의 도움을 받아볼 생각은 있나요?

Ⓑ **어머니** : 병원 가기가 겁나. 그래서 가고 싶지 않아.

Ⓐ **자녀** : 저도 병원 가기 전에 마음이 불안하더라구요. 충분히 그런 마음 들 수 있을 것 같아요 엄마. 언제든 필요한 게 있으면 알려주세요.

┃ ② 어머니 말에 오히려 더 동의하기

▲ 어머니를 자신의 방향으로 당기면 어머니는 오히려 반대 방향으로 가려고 애쓰게 됩니다.

양가감정 상태에 있다는 건 두 가지 마음이 양쪽으로 팽팽히 줄다리기 하는 상태를 뜻합니다. 이때 한쪽으로 확 당겨버리면 오히려 균형을 회복하기 위해 반대 방향의 힘도 커지게 됩니다. 어머니의 말에 반박하기보다는 동의하면서, 한 발짝 더 극단적으로 확대해 말해보면 도움이 될 수 있습니다.

Ⓑ **어머니** : 병원가는 건 엄마가 알아서 할게. 신경 쓰지 마.

Ⓐ **자녀** : 엄마에게는 정말 어려운 결정일 수 있겠어요. 아무리 효과적인 치료가 있다 해도 모든 사람에게 다 맞는 건 아닐 테니까요. 병원에 가서 상담도 받고 약을 먹는 것이 대표적인 우울증 치료법이라지만 엄마 마음이 정 그러면, 억지로 가는 것보다는 그냥 지금 이대로 지내는 게 더 나을 수도 있겠어요.

Ⓑ **어머니** : (주저하며) 그렇겠지…?

이렇게 어머니의 반대에 서기보다 어머니의 주장에 힘을 실으면 오히려 불안감을 주어 '그래도 괜찮으려나'라는 걱정이 들 수도 있습니다. 다만, 이건 치료를 받을 지 말지 양가감정이 팽팽한 경우에 해당합니다. 양가감정 없이 병원에 가지 않겠다고 확정한 상태에서는 오히려 그런 마음을 더 강화할 수 있습니다.

말다툼으로 가는 대화

Ⓐ **환자** : 저는 약은 먹기가 싫어요.

Ⓑ **의사** : 약을 꼭 드셔야만 합니다. 그렇지 않으면 증상이 훨씬 더 안 좋아질 수 있어요. 늦기 전에 드셔야 합니다.

Ⓐ **환자** : 먹기 싫은데 왜 자꾸 약만 먹으라 하시나요? 다른 치료는 없나요?

위처럼 증상 때문에 약을 먹어야 한다는 사실 그 자체를 강조해서 말하는 건 전혀 도움되지 않습니다. 저 또한 답답한 마음에 이렇게 말씀드렸던 적이 있지만, 항상 돌아오는 건 환자의 언짢은 표정이나 더욱 강한 거부감의 표현이었습니다. 그래서 저도 양가감정이 있어 보이는 경우에는 오히려 환자의 거절 의사를 좀 더 강조해서 이야기하기도 합니다.

의사소통이 되는 대화

Ⓐ 환자 : 제가 약은 먹기 싫어요.

Ⓑ 의사 : 약을 먹는 게 전혀 도움이 되지 않는다고 느끼시는 군요.

Ⓐ 환자 : 아 뭐 전혀는 아니지만… 물론 저도 약이 필요하려나? 라고 느낄 때도 있기는 해요.

Ⓑ 의사 : 언제 그런 걸 느끼세요?

Ⓐ 환자 : 갑자기 누워있다가 숨이 막히고 가슴이 답답해지고 그게 막 극심해지는 순간이 있어요. 그 순간이 지나면 다시 괜찮기는 한데 그런 때마다 약을 먹어야 하나 이런 생각을 하기는 했었어요.

이런 대화를 한다고 단번에 환자분이 약물치료를 받겠다고 하지는 않겠지만, 적어도 스스로 고민이 되는 마음을 다시 한번 떠올려 보기도 하고 이러한 이야기를 나누며 환자 분의 의사를 존중하는 태도를 보이면 느리지만 조금씩 마음의 문을 열었던 적이 많습니다.

┃ ③ 내면의 의존 욕구 알아주기

인간은 어린 시절을 부모의 보살핌을 받으며 성장합니다. 이 과정에서 의존성을 극복하고 독립성과 자율성을 얻어갑니다. 그래서 '의존성'이라는 개념이 때때로 미성숙한 것으로 인식될 수 있습니다. 이런 인식은 성인이 되어서도 여전해서 나이가 들수록 혼자서 문제를 해결하려는 경향이 강해집니다. 그렇기에 중년의 부모가 자신들의 취약함을 인정하기 꺼리며 특히 자녀에게 의지하는 걸 부끄러워합니다. 사례 2의 어머니는 우울증 증상을 경험하고 있음에도 독립적이고 자립적인 태도를 유지하려 합니다. 이런 상황이 자녀에게는 큰 도전이 될 수 있습니다. 자녀는 어머니가 필요한 도움을 받도록 설득하려 하지만, 어머니는 자신의 취약함을 드러내는 것을 꺼리니 자녀에게 큰 부담이 되어갑니다.

우리가 성장하며 독립성을 얻기 위해서는 초기에 부모에게 충분히 의존하는 경험이 필요합니다. 이 경험을 통해 '타인'이 신뢰할 수 있는 존재라는 긍정적인 신념을 갖게 됩니다. 반대로 부모에게 충분히 의존하지 못한 경우, 의존 욕구가 채워지지 않아 무의식적으로 계속해서 의존하려 하거나 아예 누구에게도 의지하지 않아야겠다는 신념을 갖게 됩니다. 우리 부모에게도 이러한 모습이 나타날 수 있습니다. 과도하게 자녀에게 의존하는 부모도 문제이지만, 어떠한 것도 의지하지 않으려는 부모도 자녀에게 힘들 수 있습니다. 치료나 도움이 필요한 상황에서는 더욱 그렇습니다.

부모가 평소에 자립적이고 피해 끼치는 것을 과도하게 염려하는 편이라면, 자녀는 "어머니, 한평생 독립적으로 씩씩하게만 살아오셨잖아요. 이제는 저희에게도, 치료하시는 분에게도, 그 누구에게도 의지하셔도 괜찮습니다."라는 식으로 채울 수 없었던 내면의 의존 욕구를 알아주고 기다려주는 것도 큰 힘이 될 수 있습니다.

실제로 누군가에게 의지하는 것보다 더 강력한 것은 자신이 힘들 때 기댈 수 있는 누군가가 있다는 신념입니다. 이러한 신념만으로도 어려움에 더 잘 대처할 수 있습니다.

| ④ 의미와 가치 부여하기

사람의 마음은 결코 논리적이지 않습니다. 논리적인 사실로 엄마를 변화시킬 수 없다는 것을 거듭 말하는 이유입니다. 하지만 무언가를 하는 의미나 가치를 이야기해 볼 수는 있겠습니다. 중년 어머니들은 빈 둥지 증후군이 쉽게 올 수 있어서 상실감이 이루 말할 수 없을 겁니다. 이제는 타인이 아닌 나를 위해 살아갈 시간을 맞이한 것이지만, 그런 적이 없었기에 무얼 해야 할지 막막할 수 있습니다. 하지만 원하든 원하지 않든 이 시기에는 자신을 돌아보게 되며 자신의 몸과 마음 관리에 대한 필요성을 분명히 느끼고 있을 것입니다.

> Ⓐ **자녀** : 엄마 그 동안 많이 외로웠죠? 늘 저희만 돌본다고 엄마 스스로는 챙기지도 못했잖아요. 늘 괜찮다고만 하시고. 그런데 엄마도 사람인데 어떻게 늘 괜찮기만 할 수 있겠어요. 그동안 저희 돌보느라 너무 애 많이 쓰셨어요. 이렇게 저희를 키워 내시고 오늘의 가정이 있기까지 엄마가 늘 뒤에 있었죠. 정말 감사해요. 이제는 저희도, 아빠도 아닌 엄마 스스로를 챙기세요. 그래도 괜찮아요. 제가 상담이나 치료를 받아보라고 말씀드린 것도, 엄마가 그간 가족만 살폈지 자신을 챙기신 적이 없었으니까 엄마 마음은 괜찮은지 시간을 내서 살펴보면 좋을 것 같아서예요. 인생에서 엄마 자신을 위한 온전한 시간이 많이 없었잖아요.

이런 식으로 부모의 노고를 알아주고 병원에 가는 것을 단순히 '우울증의 치료'가 아닌, 남이 아닌 소중한 '나'를 돌보고 '나'를 찾아가고 '나'를 회복하는 과정으로서의 의미 혹은 가치가 있다고 이야기해 볼 수 있습니다. 물론 이런 말들을 직접 꺼내기가 어색할 수 있으니 편지나 메신저로 전해볼 수도 있습니다.

> Ⓑ **어머니** : 아직 그 정도로 힘들지는 않아. 혼자서 이것저것 하다 보면 지나 갈 거야.
>
> Ⓐ **자녀** : 알겠어요. 이 시기도 잘 지나갈 수 있는 분이시고, 많이 힘들어진다면 또 필요한 조치를 취할 용기 있는 분이시니 어머니 결정을 전적으로 따를게요.

어머니가 어떤 선택을 해도 자신의 가치가 손상되지 않는 멋진 선택임을 지지해주는 것도 더욱 객관적인 선택을 할 수 있게 도울 수 있습니다. 혹여 치료를 받기로 결심을 한 후라도, 여전히 양가감정이 심할 수 있습니다. 어머니가 여전히 너무나 가치 있는 존재라는 것을 느낄 수 있도록 가족들의 격려가 지속적으로 필요합니다.

> Ⓐ **자녀** : 너무 잘 하셨어요. 치료를 결심하기까지 정말 고민이 많으셨을 텐데… 어려운 결정을 한 건 정말 용기 있는 선택이자 도전이에요. 시간은 좀 걸릴지 몰라도 분명히 방법이 조금씩 보일 거에요. 제가 항상 옆에 있을 게요.
>
> Ⓐ **자녀** : 어머니가 이렇게 자기 마음을 잘 돌아보고 회복하려고 노력하는 모습을 보고 저도 많이 배웠어요. 저도 어머니처럼 이렇게 몸과 마음 모두를 잘 관리할 수 있는 사람이 되어야겠어요.
>
> Ⓐ **자녀** : 어머니가 저에게 너무 소중한 존재여서 지금도 좋지만, 몸도 마음도 더 건강해져서 오래 같이 지내고 싶어요.

중년을 맞이한 부모에게는 어떠한 가치가 중요할까요? 이전보다 물리적이든, 심리적이든 멀어진 자녀 혹은 배우자가 여전히 자신과 함께 해준다는 것에서 유대감과 소속감을 느낄 수 있을 것이며 수십년 이상의 여생을 안전하고 평안하게 살아가는 것에 대한 희망, 지금까지의 시간을 자신이 허투루 보낸 것이 아니라 잘 살아왔다는 것을 인정받는 것, 가족 내에서든 업무적으로든 자신이 여전히 중요한 사람이라는 느낌을 받는 것 등일 수 있습니다. 설득이든 격려든 이러한 가치를 손상시켜서는 안 됩니다.

| ⑤ 자율성 존중하며 이야기하기

어머니가 괜찮다면 병원에 가볼 수 있다는 식으로 부모의 자율성을 지켜주세요. 조언하기 전에는 엄마에겐 이게 잘 맞지 않을 수도 있다, 내 말에 동의하지 않을 수도 있다는 식으로 꼭 조언을 듣지 않아도 된다는 뉘앙스를 주어야 오히려 조언에 귀를 기울이게 됩니다.

완강하게 치료를 거부하는 사례 1 아버지의 경우에는 어떻게 하고 싶은지 아버지의 의사를 질문하는 것에서 그쳤다면, 양가감정이 있는 경우에는 좀 더 적극적으로 진료에 대한 이야기를 꺼내 볼 수 있습니다. 그럼에도 자율성 존중 원칙은 반드시 지켜져야 합니다.

병원에 한번 가봐요. (X)

엄마가 괜찮다면, 엄마에게 도움이 될 수 있는 병원이나 상담센터에 가볼 수도 있어요. (O)

괜찮으시다면, 제가 엄마가 가볼 수 있는 병원이나 상담센터를 좀 찾아보고 알려드리는 건 어떨까요? (O)

엄마와 병원에 함께 가고 싶지만, 이게 엄마에게 필요한지는 당연하게도 엄마가 결정하는 거에요. (O)

하려고 했던 것도 누가 하라고 하면 하기 싫은 청개구리 심보를 다들 느껴봤을 것입니다. 선택권을 박탈당했다고 느끼면, 이러한 선택권을 다시 되찾고자 실제 내가 무엇을 원하는지와 상관없이 강요된 선택은 하지 않겠다는 마음을 먹게 됩니다. 반면 선택할 자유가 자신에게 있다고 느끼면 사람들은 더욱더 선택에 신중하게 임할 것입니다. 한 가지 선택이 아닌 비슷한 강도의 여러 가지 선택권을 주며 물어보는 것도 디테일한 방법 중 하나일 수 있습니다.

제가 병원을 예약하고 병원을 같이 한번 가보거나, 아니면 상담센터도 좋고요. 아니면 2주 정도만 더 기다려보고 계속 힘들면 그때 병원을 가볼까요? 어떻게 하는 게 좋을까요? (O)

어느 정도 기간을 정해두는 것도 방법입니다. 예를 들면 2-3주 후 진료를 자녀가 미리 예약을 해 두고, 어머니께 '안 가셔도 좋습니다. 어떤 선택을 하든 존중할게요. 스스로를 세상 누구보다 잘 아시고 필요한 것이 무엇인지 잘 찾아 나가실 분이시니 그 날의 결정을 따르겠습니다.' 라고 말해볼 수 있습니다. 이처럼 어머니가 스스로에게 꼭 필요한 선택을 할 것임을 믿어 의심치 않음을 보여드리고 주체적으로 결정할 수 있는 권리를 온전히 드리는 것이 어머니가 스스로 고민해 볼 수 있게 돕는 길일 수 있습니다.

| ⑥ 경청하며 설득의 단서 찾기

경청하다 보면 상대방을 설득할 수 있는 실마리가 나오게 되며, 거기에 맞춰 말을 하면 쉽게 설득되는 경향이 있습니다. 치료를 받고 싶지 않은 마음은 같을 지라도 그 이유는 개개인마다 다를 수 있습니다. 부모가 현재 염려하는 부분이 어떤 부분인지 들어보아야 합니다.

어머니	자녀
병원에 갈 정도로 나약한 사람이 되고 싶지는 않아. 거기 가면 나를 또 어떻게 보겠니?	그래서 엄마가 가기가 힘들었구나. 그 생각이 들었다면 정말 병원에 가기 어려웠겠어요. 근데 그렇다면, 치료받기로 결심하는 그거야 말로 정말 강인한 사람 같기도 하네요. 사실 스스로 도움이 필요하단 걸 인정하는 게 정말 어려운 일이잖아요.

| ⑦ 정보를 전달할 때는 '무엇'이 아닌 '어떻게'

이 과정에서 무언가 전달하고 싶은 정보가 있다면, 내용도 중요하지만 어떻게 전달할지가 매우 중요합니다. 반드시 충분한 공감 후 정보를 제공해야 하며, 어떠한 정보를 제공하든 결국 어머니가 선택할 수 있는 권리가 있다는 것을 말해야만 합니다. 또한 아무 정보나 제공하는 것이 아닌 어머니가 가장 알고 싶어하고 필요로 하는 것이 무엇일까 생각해보고 그에 맞는 이야기를 해야 합니다. 정보는 일방적으로 전달하고 끝나는 것이 아니라 전달한 후에는 어머니의 생각은 어떤지 다시 물어보며 상호작용해야 합니다.

어머니	자녀
별 도움이 안 될 거야. 상황이 똑같은데 어떻게 낫겠어? 가봤자 소용이 없을 거야.	맞아요. 정말 외부 상황이 똑같은데 뭐가 더 나아질까 하는 생각이 충분히 들 수 있을 것 같아요. 그런데 엄마가 어떻게 생각할지는 모르겠지만 전문의가 쓴 글에서 봤는데. 우울증의 발생에 외부 스트레스도 영향을 주지만 뇌 속의 신경전달물질의 균형이 깨지면서 우울증이 발생한대요. 그래서 생각보다 치료 성공률이 엄청 높대요. 처음인 경우에는 10명 중 7-8명이 한 달 이내에 증상이 좋아진다고 하더라고요. 저도 의구심이 들긴 하지만, 한번쯤은 가보고 결정을 해야 하나 생각이 들던데. 엄마 생각은 어때요?
시간 지나면 괜찮아질 거야. 굳이 병원까지 가서 유난 떨 필요 없어.	힘든 감정도 시간이 흐르면 괜찮아지기도 하니 기다려 볼 수도 있긴 하죠. 저도 그랬으면 좋겠어요. 그런데 우울증을 극복한 환자가 이야기하는 영상을 봤는데, 시간이 지나면서 오히려 훨씬 더 안 좋아지고 죽음에 대한 생각도 하게 되고 정말 위험해졌다고 하더라고요? 그걸 보니 우울증이 정말 위험하구나 생각했어요. 엄마도 혹시 괜찮으면 한번 보세요.

| ⑧ 성급한 조언은 금물

성급한 조언은 왜 발생할까요? 누군가를 간절히 돕고 싶어서입니다. 한시라도 빨리 지지하고 돕고 싶은 마음이 너무 큰 나머지 섣불리 입을 열게 됩니다. 특히 부모나 자녀, 배우자 등 자신에게 매우 소중한 사람이라면 고통 속에서 얼른 벗어나게 하고픈 마음이 너무 커서 '힘내'라든지 '이렇게 하는 건 도움이 되지 않는다'라든지 주절주절 설명하고 납득시키려고 합니다. 게다가 상대에게 아무것도 해줄 수 없다는 것에 상당한 무력감을 느끼고 이러한 무력감을 극복하기 위해 해결방안을 이것저것 제시하게 되기도 합니다. 제시한 것만으로도 무력감에서 순간 벗어난 느낌을 느낄 수가 있기 때문입니다. 하지만 자세히 들여다보면, 이러한 조언은 상대보다 자신을 위한 조언일 수 있는 것이지요.

긍정적 의도로 시작된 조언이지만, 부정적 여파로 두 가지가 있습니다.

하나는 조언을 하게 되면 자신은 조언을 해주는 사람의 위치, 상대는 듣는 사람의 위치가 되면서 어려움을 겪고 있는 사람이 더 낮은 위치가 됩니다. 그 사람의 어려움이 내가 방금 던진 간단한 조언으로 해결되는 작은 것이 되어버릴 수 있습니다. 의도치 않게 상대의 어려움을 과소평가하게 될 수 있죠. 다른 하나는 상대방이 어려움에 대해 더 말하고 싶었는데 조언이 끼어들어 더 이상 말을 할 수 없게 될 수 있습니다. 조언을 해 준 사람으로서도 참 억울한 일이 아닐 수 없습니다.

Ⓐ 자녀 : 요즘 엄마 너무 힘들어 보여. 우울한 건 아닌지 걱정돼.

Ⓑ 어머니 : 그냥 요즘 좀 힘들어서 그래. 잠깐 지나면 괜찮을 것 같아.

Ⓐ 자녀 : 그럼 엄마, 외출을 좀 더 하고, 운동을 시작해보는 건 어때? 그게 기분 전환에 좋을 거야.

Ⓑ 어머니 : 아직 그런 걸 할 수 없을 것 같아.

Ⓐ 자녀 : 그러면 요가나 명상 같은 걸 시작해보는 건 어때? 그게 정말 도움이 될 거야.

Ⓑ 어머니 : 지금은 그런 걸 생각할 여력이 없어.

Ⓐ 자녀 : 아니면 전문가에게 상담을 받아보는 것도 좋을 것 같아. 이렇게 계속 힘들어하는 걸 보면 마음이 아파.

Ⓑ 어머니 : 이제 그만해 줄래? 나 혼자서 어떻게든 해볼게.

만약 상대가 고통스러워 보이지만 고통을 벗어나기 위해 아무것도 하고 있지 않다면, 그것은 뭘 해야 하는지 몰라서 그러는 것이 아닙니다. 너무나 고통이 커서 무언가를 하기가 불가능한 상태인 것입니다.

| ⑨ 자신의 의견이 아닌 다수의 의견 말하기

환자가 아닌 가족이 과도하게 걱정하고 관심 갖는다고 느낄 때, 환자는 가족의 의견을 간섭으로 받아들일 수 있습니다. 특히 가족간 갈등이 있는 상태라면 더욱 그런 의견을 신뢰하기 어려울 것입니다. 게다가 부모의 성향이 자기 주도적이고 독립적이라면 더더욱 그렇습니다. 그러므로 의견을 피력할 때, 자신의 의견이라는 것을 감추고 '모두, 다수, 제3자, 권위자' 등을 제시하는 것이 좋습니다. 자신의 의견을 피력하면 자신은 답을 가진 사람이고, 환자는 그것을 따라야 하는 사람이라는 위치가 되니 상대방은 더욱 거부감이 생길 수 있습니다. '트렌드, 대세, 누구나 다 하는 것'을 강조하는 표현법도 유용할 수 있습니다.

요즘에는 마음 건강을 관리하는 게 하나의 트렌드이고, 힘든 것을 숨기기보다 오히려 방송이나 유튜브에 나와서 털어놓고 인정하는 것이 멋지다고 다들 그러더라고요. 엄마는 지금도 신세대지만 마음 관리까지 신세대 되면 더 멋지겠어요.

이번 코로나 시기를 지나면서 정신건강서비스 이용률이 10%나 증가했대요. 정신건강서비스 마음 검진을 정기적으로 하는 게 피부 관리를 꾸준히 하는 것처럼 여겨져서 진료를 받는 것에 프라이드를 갖기도 한대요. 문제가 있어 다니는 게 아니라 자신을 성장시키기 위해 다닌다고 하더라고요. 엄마는 지금도 스스로 관리를 잘하고 있지만, 피부 관리처럼 마음 관리도 공들여 받으면 더 멋져지겠어요.

내과에는 어떤 사람이 갈까요?

성형외과에는 어떤 사람이 갈까요?

한 번도 다른 과에 대해서는 궁금하지 않은 질문이지만 유독 정신과에 대해서는 궁금해하기도 합니다.

하지만 별반 다를 것 없습니다. 병원에 오시는 분들 모두가 평범합니다. 회사도 잘 다니고 연애도 하고 결혼도 하고. 수능 준비도 하고, 자녀분들 결혼도 보내고, 육아도 하고 직장 상사의 비난이 너무 듣기 힘들어서 오는 경우도 정말 많습니다. 연인과 연애를 계속해도 될지, 남자친구 혹은 여자친구와 싸우거나 헤어져서 힘들 때, 며칠 동안 잠을 잘 자지못하였을 때, 엄마의 간섭이 너무 심한데 대처하기 어려울 때, 울컥할 때, 집중이 잘 안될 때 등등의 이유로 오십니다. 별다른 고민이 없어도, 나에 대해 좀 더 이해하고 싶은 마음이 생겼다며 오시는 경우도 있습니다.

배가 아프면 내과에 가듯.

마음이 힘들다는 신호가 느껴질 때 정신과에 가는 것은 이상한 일이 아닙니다.

⑩ 롤 모델 제시하기

어떻게 하라고 직접적으로 제안하기보다는 다른 사람들이 어떻게 했는지를 은연 중에 전달할 수 있습니다. 해외에서는 유명 연예인들이 자신이 겪고 있는 심리적 어려움과 치료받고 있음을 공공연히 밝히며 정신건강서비스 이용률을 높이는 경우가 많습니다. 우리나라에서도 수많은 연예인들이 공황장애가 있으며 치료받고 약을 먹고 있다는 것을 공개적으로 발표하여 공황장애로 치료받으러 오는 이용률이 확연히 높아졌습니다. 이렇듯 유명인이 이러한 것으로 치료를 받았다는 것을 알게 되면 나도 치료받아도 괜찮겠구나 하고 안심이 되어 저항감이 줄어듭니다. 예능 프로그램에서도 연예인이 심리 상담을 받기도 하니, 이러한 방송을 함께 보는 것도 좋으며, 자신이 본 방송의 사례를 이야기해주는 것도 도움이 됩니다. 꼭 유명인이 아니라 친구의 엄마도 좋습니다.

제 이야기를 하나 해드리겠습니다. 저는 제가 정신과 의사임에도 불구하고 어머니를 정신건강의학과에서 치료받게 만들기까지 어마 무시한 시간과 노력이 들었습니다. 처음에는 저도 어머니의 심각성을 그대로 인정하기가 어려웠던 건지, 시간 지나면 나아질 수도 있다는 말이 되지 않는 합리화로 스스로를 안심시키기도 했었습니다. 하지만 시간이 지나면서 어머니의 우울증 증상은 더욱더 뚜렷해졌고, 창밖을 보며 이렇게 사느니 죽는 게 낫겠다고 말씀하시며 갑자기 눈물을 왈칵 쏟아 내시는 일이 점점 더 잦아졌습니다. 이렇게나 어머니는 고통 속에 있었지만, 진료를 받는 일은 여전히 어려웠습니다. 저희 가족은 기다리고 또 기다렸습니다. 가끔씩 어머니에게 어머니를 도울 수 있는 방법이 있다고 전하긴 했지만 강요하지 않았습니다. 제 속마음은 조금 더 기다렸다간 큰일이 나는 것은 아닌지 불안하고 초조하였으며, 당장이라도 손잡고 데려가고 싶은 압박감, 아무것도 하지 않는 것 같은 죄책감이 들어서 감당하기가 어려웠습니다. 그래도 어머니에게 압박이 되지 않도록 최대한 조심하며 말을 건넸습니다. 그렇게 몇 달이 지나서야 겨우 어머니는 치료를 받게 되었습니다. 어머니는 치료를 받으며 자신이 모두에게 짐만 되는 존재 같아 하루하루가 너무 괴로웠는데 진단도 제대로 받고 약물치료도 하면서 정말 2-3주 만에 '내가 그동안 왜 그렇게 힘들어했지?' 의아하다는 생각이 들 만큼 다시 일상을 되찾고, 1년 동안 꾸준히 약을 복용한 후에 약물 감량도 성공해서 정말 잘 지내고 계십니다. 그리고 무엇보다 지금은, 정신건강의학과 치료 전도사가 되었답니다. 저희 어머니는 약물 부작용이 워낙 심하신 편이고 소화불량으로 늘 고생하셨기에 정신건강의학과뿐만 아니라 그저 약에 대해서도 두려움이 크셨습니다. 정신건강의학과 약에 대해서는 더더욱 부작용에 대한 염려가 크셨던 것도 사실입니다. 무엇보다 진단은 자신이 환자라는 것을 확실하게 만드는 것이었고, 따라서 자신도 인정하고 타인까지도 인정하면 가족에게도 오히려 짐이 되는 존재가 된다고 느껴 더욱 두려웠다고 하셨습니다. 하지만 병원에 가신 것만으로도 저희 가족은 크게 안심을 하였고, 어머니 스스로도 자신이 왜 그렇게 미련하게 미루었었는지, 정말 별것이 아닌 거였다고 하셨습니다.

제가 보아도 그 변화는 정말 드라마틱 했습니다. 상황이 바뀌지 않는데 약이 무슨 소용이냐고 생각이 들 수도 있지만, 저희 어머니도 상황이 바뀌지 않았지만 그 상황을 바라보는 관점의 변화가 생겼습니다. 모든 것을 부정적이고 비관적으로 바라보게 되는 것 또한 우울증의 증상 중 하나이므로 약물치료가 크게 도움이 되었습니다. 저희 어머니뿐만 아니라 임상에서 진료했던 많은 환자 분도 병원에 오시는 첫 걸음은 굉장히 무겁게 오시지만, 진료를 하고 호전된 후에는 더 일찍 올 걸 후회하시는 분들이 정말 많습니다.

바쁘게 살다 보니 나 자신을 돌아볼 시간과 여력이 없었는데, 그래도 정기적으로 병원에 가고 치료를 받고 상담도 받으니 나라는 사람이 뭘 좋아하고 뭘 싫어하고 무엇을 바라는 어떤 사람인지를 지금에서야 알 것 같기도 하다. 정말 뜻 깊은 시간이었다.

굉장히 의심이 많은 상태로 치료를 시작해서 처음에는 오히려 더 불편하기도 했다. 치료를 받고 돌아가면서 괜히 이야기했나, 저 의사는 내 이야기를 듣고 어떻게 생각할까 불안했었는데 계속 꾸준히 가다 보니 이제는 진료 시간이 가장 편안한 시간이 되었다.

가족에게도 말하기 힘든 비밀을 여기서는 말할 수 있다 보니, 뭔가 더 이상 혼자가 아니라는 생각이 들었다. 너무 외로웠는데 조그만 창구가 생긴 것 같아서 그게 너무 좋았다.

정신건강의학과 진료 관련 글을 검색하다 보면 진료를 망설이다가 갔는

데 치료가 잘 되어서 너무 가기 잘했다는 블로그나 유튜브 후기들이 꽤나 있습니다. 이러한 것들을 보여줄 수도 있겠습니다.

> 제 우울증은 중학교 3학년때부터 시작이 되었는데요, 처음에는 이게 우울증인줄 몰랐네요. 그로부터 6년이 흘렀습니다.
>
> 병원에 가길 망설이다가 용기내어 가봤습니다. 현재 약을 복용중인데, 죽고 싶은 마음이 사라졌어요.. 신기하네요..
>
> 이제 무언가를 할 기운이 나는것같아요… 다들 힘내보아요.. 저도 우울증에서 좀더 좋아지기 위해 뭐든 해보겠습니다..
>
> 여기다가 후기도 남길게요:)
>
> #우울증 #항우울제 #정신과

⑪ 척도 함께 시행해보기

정신건강의학과에서 진단을 할 때 보조적으로 사용하는 도구 중 '척도'라는 게 있습니다. 이 척도에는 스스로 자신의 상태가 어떻다고 느끼는지를 체크하는 자가보고척도와 치료자가 환자를 보았을 때 어떻게 보이는지를 체크하는 임상가보고척도가 있습니다. 자가보고척도는 인터넷에 간단한 검색어로도 찾아볼 수 있습니다. 대표적인 우울증 자가보고척도로 BDI(Beck Depression Index, 벡 우울척도)라는 것이 있는데 지난 1주간 느낀 점들을 체크하면 되는 것입니다. 어머니가 거부감을 심하게 보이지 않는 경우라면 이 척도를 함께 시행해 볼 수 있겠습니다.

총점이 9점 이하면 정상, 10-15점이면 가벼울 우울, 16-25점이면 중등도 우울, 26-63점에 해당하면 심한 우울을 의미합니다. 물론 이 척도만으로 우울증을 진단할 수 있는 것은 전혀 아니지만, 자신의 상태의 심각성을 잘 인지하지 못하는 경우에는 객관적인 점수를 통해 인지하게 만드는 도움이 될 수 있습니다. 다만, 여기에서 점수가 높게 나온다고 해서 당장 '우울증이니까 병원에 가보자'라며 앞서가는 것은 큰 도움이 되지 않습니다. 점수를 보고 스스로도 느끼는 바가 있을 수 있으니 그냥 함께 시행해보는 것에서만 멈추어도 괜찮습니다.

* 벡 우울 척도(Beck Depression Inventory, BDI)는 201페이지에서 확인할 수 있습니다.

┃ ⑫ 치료받으러 같이 가기

어머니가 진료를 받겠다는 마음이 조금 생겼다면 예약부터 초진까지는 동행해주세요. 첫 진료를 보러 가는 길은 낯설고 두려울 수 있습니다. 마음을 먹는 것도 힘들지만, 마음을 먹은 후 실행으로 옮기기는 더더욱 어려운 일입니다. 게다가 우울증이 있으면 생각과 행동의 과정이 느려져 이전보다 더욱 결정을 쉽게 내리지 못하고 우유부단해지기 때문에 어디를 가야 할지 알아보고 예약하는 일은 자녀가 담당하고 초진 날짜에도 함께 해주세요.

우울증으로 인한 자살 사고를 보일 때

K 씨의 어머니는 자녀들이 독립한 후 남편과 보내는 시간이 많아져 다툼이 잦아지면서 우울증이 악화되었습니다. K 씨는 어느 날 부엌에서 어머니가 손목을 긋는 시도를 하는 것을 목격했습니다. K 씨는 무척 충격을 받았지만, 애써 차분한 척하면서 어머니의 힘듦에 공감하려 했으며, 다른 가족들에게 연락한 뒤 신속히 어머니를 응급실로 데려갔습니다.

응급실에서는 의사들이 어머니의 상처를 치료하고 정신과 전문의와 연결해주었습니다. 전문의가 어머니와 상담을 진행하고 입원치료를 권고했지만, 어머니가 입원을 원치 않자 가족들도 어머니의 의견을 따랐습니다. 전문의로부터 자살의 재시도 위험도가 높은 상태라는 경고를 들었지만, 입원하지 않는 대신에 외래에서 약물치료와 함께 개인 및 부부치료를 시행하기로 했습니다. 정신과 전문의의 조언에 따라 가족들은 위험한 도구를 집에서 모두 치우고 엄마를 보호하기 위해 교대하며 가능한 시간을 함께 보내기로 했습니다. 증상의 악화와 완화를 반복했지만 몇 달간의 꾸준한 치료와 가족의 지지로 어머니는 서서히 회복했고, 부부치료를 통해 남편과의 관계도 점차 개선되었습니다.

자살 시도는 재시도 위험이 있으므로 일반적으로 입원치료가 권고됩니다. 환자가 입원에 반대할 경우에는 그 어느 때보다 가족의 역할이 중요합니다. 독립적으로 일상생활을 하기에 중대한 제약이 있는 정신질환자이면서 자해 또는 타해의 위험성이 있는 경우라면 환자가 입원을 원하지 않아도, 정신과 전문의 2인의 동의와 보호의무자 2명의 동의가 필요한 보호입원이 가능하나 가족들이 환자가 원하지 않는 입원치료를 결심하는 건 어려운 문제입니다. 다만 정신건강의학과 전문의가 강력히 입원치료를 권고했음에도 불구하고 입원을 시키지 않기로 가족들이 결심했다면 매우 위험한 상태의 환자를 집으로 데려오는 일이기 때문에 반드시 보호자가 24시간 옆에 상주하여야 합니다. 치료를 받지 않았다면 반드시 치료를 시작해야 합니다.

2021년 통계청의 연령별 5대 사망원인에 따르면 40-50대의 사망원인 2위가 자살입니다. 남자는 45세 이후 자살률이 제일 높고 여자는 55세 이후 제일 높은 만큼 중년기는 자살의 위험성이 높아지는 시기에 해당합니다. 자살 시도는 여성에서 높지만 자살 성공까지 이어지는 경우는 남성에서 무려 4배 정도가 많기 때문에 45세 이상의 남성은 자살의 매우 고위험군에 해당합니다. 게다가 자살로 사망한 사람의 60-70%가 사망 전에 우울증이 있었던 것으로 알려져 있어 우울증이 있는 45세 이상 남성의 경우 특히 주의가 필요합니다.

많은 사람이 자살과 관련하여 크게 오해하고 있는 것이 있는데, **정말 자살하려는 사람은 절대로 자살에 대한 이야기를 다른 사람에게 말하지 않는다** 입니다. 그래서 그런 사람을 대수롭지 않게 생각하기도 합니다. 하지만 **자살하려는 사람의 10명 중 8명은 주변에 자살을 예고하는 신호를 보내며, 50% 정도는 숨김 없이 죽고 싶다고 직접적으로 이야기를** 합니다. 그리고 이중 10%가 자살에 성공할 만큼 자살을 직접적으로 이야기하는 것은 위험 징후가 맞습니다.

자살하고 싶은 사람은 정말 죽고 싶어서 죽음을 목표로 하기보다는, 살고 싶지만 죽음 외에는 도무지 다른 방법이 없다는 절망감 속에 있는 것이며 본능적인 죽음에 대한 두려움을 눌러버릴 만큼 삶에 대한 두려움이 커진 상태입니다. 그래서 한편으로는 자살 의도를 숨기고 싶어하지만 다른 한편으로는 누군가가 알아주길 바라고 도와주길 바라는 마음도 존재합니다. 자살 사고가 지속되면 점차 장소, 도구, 방법 등 구체적 계획을 세우고 준비해 나갈 수 있으므로 결코 가볍게 넘겨선 안 됩니다.

오해가 또 하나 있습니다. 자살을 언급하면 다른 주제로 자연스레 이야기를 전환하거나 "그런 이야기 하지마"라고 해서 그 생각을 못 하게 하는 게 도움을 주는 것이라 생각하곤 합니다. 결코 그렇지 않습니다. 자살이라는 무거운 주제를 피하고 싶은, 듣는 사람의 마음이 편해지기 위함일 수는 있지만 자살 사고가 있는 사람에게는 도움이 되지 않습니다. 오히려 구체적이고 직접적으로 자살에 대해 이야기를 나누는 것이 자살 예방에 도움이 됩니다. 자신을 이상하게 보거나 뭐라고 할까 봐 누구에게도 말할 수 없었던 자살 사고를 처음으로 말로 표현하고 그 마음이 잘 받아들여진다면 행동으로 옮기려는 충동은 줄어들 수 있습니다.

"이렇게 사느니 죽는 게 낫겠다" "그냥 내일 아침에 눈 뜨고 싶지 않다" "빨리 나를 데려갔으면 좋겠다"와 같이 죽음에 대한 언급을 자주 한다면 혹시 자살에 대해 생각해 본적은 없는지 직접적으로 물어보는 것이 좋습니다. 있다고 한다면 언제 처음으로 그런 생각을 했는지? 자살을 떠올릴 정도로 많이 힘들었던 것 같은데 어떤 것 때문에 그런 생각을 하게 되었는지? 시도하려고 한 적이 있는지? 구체적인 계획이 있는지, 있다면 어떤 계획인지? 등을 물어볼 수 있습니다.

부모가 아닌 지인이 자살 사고를 표현해도 두려운 마음이 들지만 심지어 부모의 입에서 죽음과 자살에 관한 이야기를 듣게 된다면 자녀의 마음은 감당하기 어려울 만큼 매우 두렵고 초조해질 수 있으며 슬픔과 동시에 분노를 느낄 수도 있습니다. 이러한 부모에 차분하게 대처하는 일은 정말 어려울 것입니다. 그래서 다른 부모나 형제 자매 등의 가족구성원과 협력하는 것이 그 어느 때보다도 중요합니다. 자살 예방은 주변의 지지가 매우 중요하므로 자살 계획이 있다거나, 재산 정리를 한다든지, 유언을 남긴다든지 행동을 하거나 본인의 무가치감과 죽음에 대한 구체적인 언급을 하며 자살 위험 징후를 보이면 반드시 경각심을 가져야 합니다. 자살하겠다고 말하면서 전에 비해 차분해 보인다면, 이미 마음을 결정했기 때문에 편안해 보이는 것이므로 매우 위험한 상황입니다.

구체적인 자살 이야기를 들을 때는 "자살은 진짜 하면 안 되지 그건 나쁜 거야" "그러면 천벌 받아" 라는 식으로 자살 사고를 보이는 것 자체에 대해 부정적인 판단을 하는 언급을 해서는 절대로 안 됩니다. 또한 지나치게 충격을 받은 듯 행동을 하거나 과도하게 걱정스런 모습을 보이면 자살 사고를 숨기게 되고 혼자서 자살 계획을 세우거나 시도를 하는 등 위험할 가능성이 더 커지게 됩니다. 부모 역시 아무래도 자녀에게는 이러한 언급을 회피할 가능성이 크겠지만 혹여 이야기를 했다면 귀 기울여 공감해주는 것이 중요합니다. 죽느냐 사느냐의 고비에 놓인 사람에게 운동을 하라느니, 죽을 의지로 살라느니, 진짜 죽는 사람은 이런 말도 안 한다느니 등의 언급은 정말로 그 사람의 죽음을 앞당길 수 있을 만큼 큰 상처를 주는 말입니다.

실제로 자살 시도가 행해졌다면 바로 정신건강의학과 진료를 받거나 진료 시간이 아니라면 정신건강의학과가 있는 병원의 응급실로 가야 합니다. 자살 시도는 정신과적 응급에 해당합니다. 자살한 우울증 환자의

40%가 이전에 자살 시도가 있었으며 첫 시도 후 3개월 이내 다음 자살 시도 위험성이 가장 높습니다. 입원 혹은 통원치료에 대해 정신과 전문의의 전문적 소견을 듣고 따라야 합니다. 그런 병원을 찾을 수 없을 때는 아래 번호에 긴급전화라도 하여 도움을 요청하고 직접적인 도움을 받을 수 있기 전까지 절대 부모를 혼자 두어선 안 됩니다.

우울감 등 말하기 어려운 고민이 있거나 주변에 이런 어려움을 겪는 가족·지인이 있을 경우 자살예방 상담전화 ☎1393 정신건강 상담전화 ☎1577-0199 희망의 전화 ☎129 생명의 전화 ☎1588-9191 등에서 24시간 전문가의 상담을 받을 수 있습니다.

부모와의
트러블에서 살아남기

Chapter 1

부모와의 의사소통

부모와의 대화는 보통 이렇게 이루어질 때가 많습니다.

Ⓐ **자녀** : 이제 좀 심각하게 받아들이고 병원을 가봐.

Ⓑ **부모** : 나는 괜찮은데 자꾸 그러니까 더 힘들어.

Ⓐ **자녀** : 진짜 문제가 뭔 지를 모르네… 나아지길 바라면서 아무것
도 안 하면 어쩌자는 거야…

Ⓑ **부모** : 내 일은 내가 알아서 할 테니까 그만 말해라.

이 사례의 자녀는 나쁜 자녀일까요? 그렇지 않습니다. 부모를 돕고 싶은 마음이 누구보다 큽니다. 하지만 마음과는 달리 부모를 밀어붙이게 되었습니다. 자녀 또한 감정의 영향을 받는 '사람'이므로 이러한 부모의 반응을 직접 겪으면 자신도 모르게 언성을 높이게 되고 싸움으로 이어질 때도 많습니다. 괜찮습니다. 그게 당연한 겁니다. 허나 사고를 줄이기 위해 신호등이 있는 것처럼 우리에게도 갈등을 줄이기 위해 인식할 수 있는 몇 가지 신호등이 있습니다. 적어도 빨간 신호가 켜졌을 때는 잠시 멈추어야 합니다.

┃ 2보 전진을 위한 1보 후퇴, 부모가 OOO할 때는 당장 대화를 멈추세요

방어적 반응이 나올 때 관련 대화를 멈추세요.

- "나 괜찮아" "별 문제 아니야" 등으로 자신의 문제를 부인하거나 최소화할 때
- "병원 안 가도 낫더라" "오히려 갔다가 더 문제되더라" 등의 합리화를 보일 때

방어반응이 나타나고 있는 경우는 부모님이 현재 자존감의 위협을 느꼈다는 뜻이므로 여기서 더 강하게 설득할 경우 공격으로만 느껴져 아무 도움이 되지 않습니다. 그래서 이 때는 맞서지 말아야 합니다.

화를 낼 때 관련 대화를 멈추세요.

- "니가 뭔데 이래라 저래라 해"
- "내가 어떤지 알고나 있니?"
- "니가 뭘 알아 그 동안 신경도 안 썼잖아"

부모님도 화가 난 마음에 막말이 튀어나온 거겠지만, 진심이 아닌 말이라도 상처가 됩니다. 상처가 되는 말을 계속 하신다면, 스스로를 보호하기 위해서라도 맞서지 말고 피해야 합니다.

말을 중단시킬 때 관련 대화를 멈추세요.

- "이제 그만 됐다" 하고 방에 들어가 버리실 때
- "너는 정말 네 말만 하는 구나, 날 이해를 못하는 구나, 내 말을 귓등으로 듣는구나, 더 이상 듣기 싫다, 그만 말 해라"

더 이상 대화를 하고 싶지 않다는 표현을 한 상태이므로 시간을 좀 주세요. 감정이 격해진 상태에서는 어떤 말도 오해로 이어지기 쉽습니다.

| 2보 전진을 위한 1보 후퇴, 스스로에게 OO한 반응이 나타나면 당장 대화를 멈추세요

<u>불편한 신체 감각이 느껴질 때 대화를 멈추세요.</u>

- 얼굴이 점점 붉어진다
- 가슴이 답답해진다
- 위장이 조인다 등의 평소와 다른 신체 감각이 들 때

<u>다음과 같은 생각이 들면 대화를 멈추세요.</u>

- 어떻게 자기 문제를 저렇게 모르지?
- 부모님이 병원에 안 가면 무슨 일이 일어나는 건 아닐까?
- 무슨 일이 생기면 내 잘못이 아닐까?

위처럼 불안, 분노, 무력감, 죄책감을 불러일으키는 생각들이 떠오른다면 그 때도 잠시 멈추어야 할 때입니다.

이러한 반응이 부모가 자신에게 어떻게 할 때 나타나는지 살펴보고 알아차림 해야 합니다. 빨간 신호가 켜질 때는 부모와 함께 있는 자리를 피하고 스스로의 마음을 다스리는 게 최선입니다.

부모와 자녀 간 갈등이 생기는 이유는 여러 설득 끝에 자녀가 너무 지쳐서 그럴지도 모릅니다. 무엇 하나 변화되는 것 없이 마음만 조급해지고 불안, 분노, 무력감, 죄책감이 너무 커서일지도 모릅니다. 부모의 치료를 위해 끝없이 설득하고 이 책까지 골라 읽은 당신은 정말로 훌륭한 자녀입니다. 그 과정에서 매우 힘든 마음을 느끼는 건 당연한 일입니다. 빨간 신호가 켜졌다면 멈춰야 합니다. 마음이 급하다고 해서 신호를 무시한다면 불상사가 일어날 수밖에 없답니다. 다시 초록 신호가 켜졌을 때 가도 늦지 않습니다.

Chapter 2

당신의 마음 케어 방법

다양한 정신적 신체적 문제를 가진 환자들은 때로 보호자의 지지가 필요합니다. 이런 상황에서 보호자는 신체적 피로나 불면증 같은 문제를 겪을 수 있고, 감정적으로는 우울, 불안, 분노 등을 느낄 수 있습니다. 사회적으로는 고립감이나 가족간의 갈등, 경제적인 부담도 함께 겪게 됩니다. 환자를 돌보는 과정에서 필요한 정보나 지원이 부족할 때, 보호자의 부담은 더욱 커질 수 있습니다. 특히 우울증 환자의 가족은 우울증 발생 위험이 일반인보다 2-3배 더 높으며, 특히 부모, 자녀, 형제자매 중에서는 자녀의 위험도가 가장 높습니다.

이처럼 우울증 환자의 자녀는 유전적 및 환경적 요인으로 우울증 발생 위험도가 높아, 다양한 방법을 통해 대비해야 합니다. 가족이나 친구, 지역사회 등 주변에서 고립되지 않고 긴밀한 관계를 유지하면서 자기 돌봄과 스트레스 관리에 힘쓰는 등 회복 능력을 기르는 것이 필요합니다. 만약 2주 이상 지속되는 우울감 및 이로 인해 수면이나 식사 등의 일상생활에 문제가 생긴다면, 전문가의 도움을 청하는 게 중요하다는 것을 기억해야 합니다.

자녀의 마음 케어

| ① 할 수 있는 것과 할 수 없는 것을 구별하기

언제나 그렇듯이 할 수 없는 것이 있기 마련이지만, 그 와중에 분명 할 수 있는 것도 있습니다. 미국의 신학자 라인홀드 니버(Reinhold Niebuhr, 1892-1971)는 다음의 기도로 할 수 있는 것과 없는 것을 구분해서 수용하는 지혜를 얻고자 했습니다.

바꿀 수 없는 것은 받아들이는 평온을
바꿀 수 있는 것은 바꾸는 용기를
또한 그 차이를 구별하는 지혜를 주옵소서

무력감이 밀려들 때는 내가 할 수 없는 것을 구별하거나 받아들이지 못한 채, 자책 속에만 빠져 있을 때일 가능성이 높습니다. 그렇다면 우리는 어떤 것을 할 수 있고, 어떤 것을 할 수 없을까요?

할 수 있는 것

- 부모에게 공감하기 위해 노력하기
- 부모 기다려주기
- 부모 옆에 있어주기
- 내 마음 돌보기

할 수 없는 것

- **부모 병원 가게 만들기** : 부모가 병원 진료를 받도록 지지하는 것은 가능하지만, 궁극적으로 치료를 결정하고 진료 받는 것은 부모에게 달려있습니다. 부모가 그들의 건강에 관해 스스로 선택할 수 있는 권리를 갖

고 있다는 걸 인정해야 합니다. 그래서 병원에 가게 만들려고 하기보다는 자신이 할 수 있는 것 그 자체에 집중하는 게 좋습니다.

- **부모의 우울증이 좋아지게 하기** : 자녀는 정신건강서비스 종사자가 아닙니다. 옆에서 함께 있어주며 지지해줄 수 있겠지만 마술사가 아닌 이상 부모의 우울증 증상을 호전시키는 것은 불가능합니다. 왜냐하면 그것은 반드시 치료가 필요한 질환이기 때문입니다.

단언컨대 할 수 있는 것 4가지로 부모를 도울 수 있습니다. 의심의 여지 없이 여기에 집중하세요.

부모가 꼭 병원을 가야만, 부모의 우울증이 빠른 시일 내에 좋아져야만 자녀가 잘하는 게 아닙니다. 설사 부모가 병원을 가지 않고 우울증 증상이 지속된다고 해도 그게 자녀의 잘못은 더더욱 아닙니다.

죄책감은 꼭 잘못해서 느끼는 게 아닙니다. 실제 사회에서도 잘못한 사람들이 죄책감을 느끼지 않는 경우를 많이 볼 수 있으며, 느끼지 않아도 될 죄책감을 엉뚱한 사람이 느끼기도 합니다. 죄책감은 할 수 없는 것까지 스스로 책임지려 했기에 드는 무거운 마음이기도 합니다. 또한 죄책감을 느낀다고 해서 그게 꼭 잘못되었다는 뜻도 아닙니다. 약간의 죄책감은 오히려 관계에 도움이 됩니다. 이보다 더 할 수는 없다는 정도로 하는 것이 아니라 약간 미안할 정도로 대하세요. 죄책감이 들지 않게 너무 부단히 노력할 경우, 부모와의 관계가 더 좋아지기보다는 자신도 모르게 부모를 향한 분노, 미움과 설움, 부담감이 더 크게 들 수도 있습니다. 죄책감을 없애면 오히려 분노의 굴레로 들어가게 됩니다. 너무 당연한 마음의 현상입니다. 아무 것도 하지 않아서가 아닌 최선을 다했기 때문에 무력감과 억울함이 커지는 것이고 이는 결과적으로 부모에게도 도움이 되지 않을 수 있습니다. 약간 미안할 정도로 개인의 시간을 챙기세요. 약간의 미안함은 오히려 함께하는 시간에 더 잘 해주고 싶다는 자발적인 마음이 들게 하기도 합니다. 환자도 보호자가 모든 걸 자신에게 쏟는다고 느끼면 부담을 느끼고, 더욱더 자신이 가족에게 짐이 된다고 느낄 수가 있습니다. 나를 위해서도 부모를 위해서도 자신이 충분하게 하지 못하고 있다는 느낌, 죄책감이 느껴져도 괜찮습니다.

② 자기 돌보기

나의 일상 돌보기

'나를 잘 돌보라는데 어떻게 돌보아야 하는 건지 모르겠어요'라는 분들이 많습니다. 우리는 아기를 돌보고 반려견을 돌보며 아픈 사람을 돌보기도 합니다. 돌봄의 대상이 타인일 때는 돌본다는 것의 개념이 그리 어렵지 않았을 겁니다. 먹고 자는 것과 같은 기본적인 것들부터 정성을 들여 보살피는 것을 돌본다고 하는데 자신을 돌보는 것도 마찬가지입니다. 거창한 것이 아닙니다. 자신의 기본적인 일상, 수면과 식사부터 잘 챙기는 것이 시작입니다. 규칙적으로 자신의 끼니를 챙기며 다양한 영양소가 포함된 균형 잡힌 식단을 챙겨 먹을 수 있게 노력하세요. 칼슘과 마그네슘 등 미네랄을 함유한 영양제는 스트레스 완화에 도움이 됩니다. 낮에는 세로토닌, 밤에는 멜라토닌의 분비를 돕는 트립토판 성분도 우울과 불면증 완화에 효과적입니다. 비타민D 수치가 낮은 사람들이 우울증에 취약하다는 연구결과가 있습니다. 비타민D는 세로토닌의 합성을 돕고, 오메가3지방산은 오메가6지방산이 과도할 때 나타날 수 있는 우울 증상을 예방할 수 있습니다. 이러한 영양소 자체도 도움이 되지만 영양제를 섭취한다는 것은 자신을 챙긴다는 상징적인 활동이어서 행위 자체가 정신건강에도 도움될 수 있습니다. 충분한 수면을 취할 수 있게 일정한 시간에 자고 일어나는 것도 자신을 돌보는 중요한 방법 중 하나입니다.

나의 감정 돌보기

우리는 기쁘고 즐겁고 신나고 웃기고 설렐 때는 기분이 좋다고 표현하고, 슬프고 화가 나고 짜증이 나고 억울할 때는 기분이 안 좋다고 표현합니다. 은연중에 기분에 대해 판단을 하고 있는 것이죠. 맵고 짠 음식은 위암 발병률을 높입니다. 그럴 때 우리는 맵고 짠 음식은 위에 안 좋다고 말할 수 있죠. 위에 부정적 영향을 주니까요. **그렇다면 과연, 슬프고 화가 나는 게 안 좋은 감정일까요?** 사람이 24시간 365일 항상 들뜨고 신난다고 생각해보면 어때요? 이상하지 않나요? 이게 조증이 아니라면 기분을 최고치로 설정해 둔 로봇일 겁니다.

해가 쨍쨍한 날이 필요하듯 비가 오는 날도 필수적입니다. 그렇지 않으면 가뭄이 들어 농작물은 다 죽어버리겠죠. 비오는 날은 그냥 비가 오는 날일뿐입니다. 누군가는 빗소리가 좋아 비가 오는 날을 기다릴 수도 있고, 누군가는 통행이 불편해 비오는 날마다 스트레스를 받아 피하고만 싶을 겁니다. 기분도 마찬가집니다. 우리의 감정은 모두 자기의 역할을 충실히 할 뿐입니다. 슬프고 화가 나는 기분 자체가 우리에게 부정적 영향을 주는 게 아니라, 슬프고 화가 나는데 이걸 안 좋다고 판단해 감정을 억누르려고 하는 것이 부정적 영향을 줍니다. 화가 나고 슬프다면 충분히 그럴 이유가 있었을 겁니다. 억누르려고만 하지 말고 그 이유를 마음속에서 찾아보고 '그래서 그렇게 슬펐구나'라고 자신에게 말해주면, 비가 그치고 해가 다시 떠오르듯 화가 나고 슬픈 기분도 나를 그냥 지나가게 될 겁니다. 자신의 감정을 그저 읽어주세요.

나의 신체 돌보기

신체활동이 전반적인 건강은 물론 스트레스를 줄이는 데도 도움이 된다는 사실은 알고 계실 겁니다. 하지만 매우 중요하기 때문에 굳이 언급하자면 우리의 기분과 정서를 조절하는데 중요한 역할을 하는 신경전달물질 중 하나인 세로토닌 분비와도 관련이 있습니다. 신체활동을 하면 뇌에서 더 많은 세로토닌이 분비되어 더욱 긍정적이고 행복한 기분을 느끼게 되면서 우울증이나 불안증상을 완화시킬 수 있습니다. 꾸준히 운동하는 사람들에게서 세로토닌 농도가 더 높게 나타났다는 연구 결과가 보고되었으며 특히 유산소 운동은 항우울 효과를 가지고 있는 것으로 알려져 있는데 그런 효과를 지닌 BDNF라는 단백질을 증가시키기 때문이라고 합니다. 운동 중 증가된 세로토닌 수치는 운동이 끝난 후에도 장기간에 걸쳐 지속된다는 것도 보고되었습니다. 하지만 운동을 어떻게 실천해야 효과적인지는 개인에 따라 다릅니다. 개인별 체력과 상황에 맞는 운동계획을 세워 꾸준하게 운동하는 것이 중요합니다. 또한, 운동계획은 환자의 상태 변화에 맞추어야 합니다. 어떠한 유형의 운동이라도 분명한 것은 하지 않는 것보다 도움이 됩니다. 정적인 운동을 좋아한다면 호흡 기능과 근력 강화에 도움이 되는 요가를, 동적인 운동을 선호한다면 신나는 음악과 함께 즐길 수 있는 스피닝이나 줌바 등을 선택할 수도 있겠습니다.

이렇게 효과가 좋은 운동도 중요하지만, 더 중요한 건 신체를 살피는 겁니다. 어디가 아프진 않은지, 오늘 특히 긴장을 많이 해서 어깨에 무리가 오진 않았는지, 화를 크게 내는 바람에 심장은 괜찮은지 돌아보는 겁니다. 지나치게 많이 걸어 발에 무리가 온 날은 족욕을 하는 등 신체를 아껴주세요.

나만의 시간 가지기

가족이 힘들어할 때 개인 시간을 갖는다는 게 이기적이라는 생각이 들어 자신에게 조금의 시간도 허용하지 않는 경우가 있습니다. 그렇게 가족에게 얽매여 시간이 지날수록 번 아웃이 찾아오게 됩니다. 이러한 자신의 희생에도 나아지지 않는 가족에 대한 원망스러운 마음도 점점 커집니다. 결국엔 '나'라는 사람이 존재해야 누군가의 보호자로도 있을 수 있습니다. 다리 다친 사람을 부축하려면 내 두 다리가 튼튼히 버틸 수 있어야 합니다. 자신도 절뚝거린다면 부축하려다 오히려 더 큰 상해를 서로가 입을 수 있죠. 그러니 자신의 두 다리를 튼튼하게 하는데 시간을 쏟는 일은 결코 이기적인 게 아닙니다. 상대를 원망하지 않고 조금 더 멀리 함께 나아갈 수 있도록 만드는 유일한 방법이며 지혜입니다. 특히 보호자가 힘들어하는 모습을 피보호자가 보면 자신은 짐이라는 느낌만 더 들게 만들 수 있습니다. 휴식이든 독서든 식물 가꿈이든 친구와 시간을 보내든, 자신만을 위한 시간을 최소 주 1일은 가지세요. 당신이 무너지지 않아야 합니다.

나와의 관계 돌보기: 자기 전에 꼭 격려의 말 해주기

매일 밤 잠들기 전, 우리가 원치 않더라도 생각이 떠오르는 조용한 시간입니다. 이때면 오늘의 실수와 내일의 일정과 최근의 고민 등 다양한 생각이 머리를 스칩니다. 이왕 떠오를 수밖에 없는 생각이라면, 자신을 격려하는 생각과 말을 의도적으로 꼭 해주세요.

여러분은 충분히 잘했습니다. 이미 너무나 훌륭한 아들이자 딸이며 그동안 버텨온 것만으로도 부모에게는 큰 축복입니다. 다음 단계는 부모의 몫입니다. 부모는 당신에게 가장 소중하지만, 당신과 동일한 사람이 아닙니다. 따라서 당신이 해낼 수 없는 일이 있다면 그것은 자연스러운 일입니다. 그러니 마음 편하게 잠에 들 수 있도록 자신에게 칭찬과 격려를 건네주세요. 당신은 이미 충분히 잘하고 있습니다.

┃ ③ 스트레스 관리

스트레스를 어떻게 해소해야 할지 모르겠어요.

스트레스를 해소한다는 게 무슨 뜻일까요? 해소란 어려운 일이나 문제가 되는 상태를 해결하여 없애버린다는 뜻입니다. 보통은 운동하거나 잠을 자거나 여행을 하라고 하고, 컬러링북 색칠이나 종이접기나 숫자 세기 등 단순 반복 작업 등도 제시됩니다. 하지만 그런다고 해서 고민하던 어려운 일이나 문제가 해결이 되나요? 없어지나요? 실제로 진료실에 오셔서 "아무리 그래도 잠시 뿐이지 스트레스가 해소되는 느낌이 들진 않아요"라고 말씀하십니다. 매우 공감이 되는 이야기죠. 저 또한 별 생각 없이 드라마나 잡지를 보면서 멍을 때려 스트레스를 해소한다고 말할 때는 있지만요. 그런 활동들은 스트레스로 인해 과부하한 뇌를 잠시 쉬게 하여 에너지를 충전한다는 느낌입니다.

엄밀히 말하면 스트레스는 해소할 수 있는 게 아닙니다. 스트레스를 반드시 해소해야 하며 적절한 해소법을 가져야만 한다는 생각이 오히려 더 스트레스가 되기도 합니다. 그러니 저는 해소가 아니라 **대처**라는 말을 쓰도록 하겠습니다.

스트레스는 과연 뭘까요?

우울증 재발에도 영향을 끼친다는 스트레스, 대체 뭘까요? 우리가 새로운 상황을 맞이하고 적응하기 위해 어쩔 수 없이 발생하는 심리적 생리적 반응이 스트레스입니다. 우리 삶과 절대로 떼어낼 수 없는 존재이죠. 새로운 상황에서 아무런 반응이 없거나 새로운 상황이 전혀 없는 삶은 불가능하며 전자의 경우 생존 자체가 어려울 수 있습니다. 차량 운전 중 다른 차량이 갑자기 앞을 가로막는 상황에서의 위협감과 불안감은 빠르게 브레이크를 밟거나 방향을 바꾸게 해 생존을 돕습니다. 시험이나 면접을 앞두고 아무런 스트레스가 없다면 준비에 필요한 동기를 잃어 실패할 수 있습니다. 과거에 저도 의사 면허시험의 면접을 보는 게 너무 떨려서 항불안제를 소량 처방 받아 복용했었습니다. 그런데 약효가 너무 좋은 바람에 실기 시험 도중에 실수를 해도 불안이나 긴장이 없어 적절한 대응을 하지 못했습니다. 다행히 합격했지만, 그때의 체험은 긴장이 없는 상태가 얼마나 위험한 지를 깨닫게 해줬습니다. 결혼이나 승진이나 휴가 준비 등도 스트레스를 유발할 수 있지만, 적당한 한계 내에서 새로운 가정을 이루거나 직장에서 성취감을 높이거나 휴가를 끝마치는 데서 보상을 느끼는 데 도움이 됩니다. 그러나 같은 상황에서도 스트레스가 과도하다면 성장과 발전을 방해하고 심리적 신체적 건강에 악영향을 미칩니다.

참고 **생활사건 스트레스 척도**

홈스와 라헤가 개발한 생활사건 스트레스 척도는 많이 알려져 있습니다. 이 척도는 사람들이 일상에서 경험하는 생활사건을 나열하고, 그것이 얼마나 스트레스를 유발하는지를 평가하는 척도입니다. 생활사건 스트레스 척도에는 총 43개의 항목이 있으며, 각 항목은 1년간의 스트레스 경험 정도에 따라 다음과 같은 점수가 부여됩니다.

사건	영향력	사건	영향력
배우자의 사망	100	자녀의 출가	29
이혼	73	친척과의 불화	29
별거	65	뛰어난 개인적 성과	28
교도소 수감	63	아내의 취직이나 해고	26
가까운 가족의 사망	63	입학이나 졸업	26
개인적 질병이나 부상	53	생활조건의 변화	25
결혼	50	습관의 변화	24
직장에서 해고	47	직장 상사와의 불화	23
부부간의 불화 해결	45	업무시간이나 조건의 변화	20
퇴직	45	거주지 이동	20
가족의 건강 변화	44	전학	20
임신	40	여가생활 변화	19
성생활의 어려움	39	교회 활동 변화	19
출산이나 입양	39	사회적 활동 변화	18
사업 재조정	39	10,000달러 미만의 대출	17
재정 상태 변화	38	수면 습관 변화	16
가까운 친구의 사망	37	동거 가족 수 변화	15
다른 분야로 이직	36	식생활 변화	15
배우자와의 다툼 횟수 변화	35	휴가	13
10,000달러 이상의 대출	31	크리스마스	12
대출과 관련된 압류	30	경범죄	11
승진이나 좌천	29		

　　보통은 스트레스를 부정적으로만 생각하지만, 부정적 결과로 이어지는 디스트레스와 긍정적 결과로 이어지는 유스트레스로 나눌 수 있습니다. 동일한 상황에서도 어떤 사람은 디스트레스가 되고 어떤 사람에게는 유스트레스가 됩니다. 이 차이는 왜 발생할까요? 이에 대해 1979년 뉴욕 시립

대학교의 심리학 교수 수잔 코바사(Susane Kobasa)는 스트레스에 대한 저항성이 높은 사람들을 연구하여 세 가지 주요 요소를 발견하였습니다.

첫 번째, 스트레스 저항성이 높은 사람은 삶의 변화를 당연하게 받아들이고 이를 '도전할 만한 상황'으로 인식합니다. 즉, 변화에 직면했을 때 고민에 빠지지 않고 적극적으로 도전하는 자세를 보입니다.

몇 개월 후 결혼을 앞둔 A 씨와 B 씨는 결혼 준비를 하는 과정에서 예기치 못한 일로 잦은 갈등을 겪었습니다. A 씨는 연애할 때는 갈등이 드러나지 않았었는데 결혼 준비로 자주 다투게 되자, 이러한 갈등을 대화로 잘 풀어나가면 오히려 관계가 더 발전할 수 있겠다고 생각해 갈등을 크게 두려워하지 않았습니다. 반면 B 씨는 연애할 때 싸우지 않다가 결혼 준비로 자주 다투게 되자 결혼 이후에는 얼마나 더 큰 갈등이 있을까 불안해하였고, 이 걱정으로 점점 더 과민해져 파혼 여부를 고민하기에 이르렀습니다.

두 번째, 스트레스 저항성이 높은 사람은 스트레스 상황의 원인을 외부에 있지 않다고 인식하며, 상황을 통제할 수 있는 힘이 자신 내부에 있다고 믿습니다. 외부 상황에 무력감을 느낄 때보다는 스스로 상황에 대한 통제력을 느낄 때 더욱 건강하게 스트레스를 관리할 수 있습니다.

B는 남자친구가 잠시라도 연락이 되지 않으면 불안감을 느꼈습니다. 그래서 남자친구에게 전화를 수십 통씩 했고 메신저로 어디냐 언제 오냐를 끊임없이 물었습니다. 이러한 일이 반복되자 매번 연애에서 남자친구로부터 이제 너무 지친다며 헤어지자는 이별통보를 받았습니다. B는 전남자친구들이 너무 무심하며 자주 연락하지 않는 것에 분노가 일었으며 세심하고 연락도 자주 하는 남자친구를 끊임없이 찾아 헤맸습니다. 하지만 처음엔 잘 챙겨주다가도 결국 같은 일이 자꾸만 벌어졌습니다.

B는 같은 패턴이 반복되자 자신의 행동에 변화를 주어야 하는 부분은 없는지를 되돌아보고 이러한 관계패턴 아래에 있는 애착에 대해서도 스스로 공부하며 자신의 애착 유형을 깨닫게 되었습니다. 그리고 남자친구가 실제 무심하거나 딴짓을 했다기보다는 눈 앞에 보이지 않는 그 시간 동안 자신의 과도한 불안이 자극되어서 더 그렇게 느껴졌다는 것을 인지하기 시작하였습니다. 이후에도 같은 상황에 처하면 여전히 불안감을 느끼긴 했지만, 남자친구 탓만 하며 분노하고 불안해했던 과거와 달리 자신의 불안함을 진정시키는데 더욱 초점을 맞췄습니다. 이러한 패턴의 원인이 타인이 아닌 나에게 있다고 느끼자, 이 문제를 앞으로 조금씩 스스로 노력하며 통제해 나아갈 수 있다는 마음이 들어 이전에 비해 훨씬 안정감을 찾게 되었습니다.

세 번째, 일에 대한 의미와 가치를 충분히 인식하고 그 일에 적극적으로 참여합니다. 열심히 일을 했지만 스트레스 상황이 닥치면 일에 대한 의미와 가치를 잃어버려 의욕이 떨어지고 무기력해지는 경우가 많습니다. 반면, 일에 대한 의미와 가치를 충분히 인식하고 목표를 달성하기 위한 노력을 계속하는 사람들은 스트레스 상황에서도 무기력해지지 않고 긍정적인 결과를 이끌어냅니다.

C학생은 지난 중간고사에서 성적이 떨어져 이번 시험 성적에 대한 부담감이 컸습니다. 하지만 기말고사에서 좋은 성적을 얻기 위해 노력하기보다, 그동안 배운 것을 이해하고 학문적 지식을 확장시키는 것에 의미와 가치를 두었습니다. 그 결과 자신의 준비 정도와 무관하게 끝까지 시험을 충실하게 준비할 수 있었으며 성취감도 느낄 수 있었습니다.

스트레스를 잘 견디는 사람들은 이러한 세 가지 요소를 가지고 있어 스트레스 상황에서도 긍정적으로 대처할 수 있습니다. 이러한 요소를 이용해 스트레스를 긍정적으로 대처하는 방법을 배울 수 있습니다.

반면 스트레스에 취약한 사람들은 다음과 같은 특성을 가질 수 있습니다.

첫 번째, 회피적 태도를 갖고 있습니다. 이들은 불안이나 스트레스를 일으키는 상황에 직면하면, 그 상황에서 벗어나려 합니다. 단기적으로는 불안감을 줄일 수 있지만, 장기적으로는 문제의 근본 원인에 대처하지 못해 더 큰 어려움으로 이어질 수 있습니다.

두 번째, 통제에 대한 문제를 가집니다. 일부 사람들은 모든 상황을 완벽하게 통제하고자 합니다. 모든 것을 예측하고 관리하려고 하지만, 현실은 항상 그렇게 되지 않습니다. 예상치 못한 일이 발생하거나 상황이 자신의 통제를 벗어날 때, 이들은 불안하고 스트레스를 받게 됩니다. 반대로, 어떤 사람들은 자신이 주변 환경이나 상황에 대해 전혀 통제력을 갖지 못한다고 느낄 수 있습니다. 이런 통제 상실감은 상황이 어떻게 될지 모르고 예측하기 힘들다는 두려움을 키워, 결국 지속적으로 스트레스와 불안을 느끼게 할 수 있습니다.

세 번째, 유연하지 못한 가치관을 갖고 있습니다. '이래야 한다' '저래야 한다'는 고정된 생각으로 행동하려고 하는데, 이러한 강한 기대와 규범은 자신이나 타인에게 큰 부담을 줄 수 있습니다. 이로 인해 스트레스를 경험하는 경우가 많습니다.

네 번째, 자신에게 너무 엄격합니다. 작은 실수나 부족한 점을 지나치게 심각하게 받아들여, 이로 인한 부담감이나 자책감이 커지곤 합니다.

마지막으로, 사회적으로 고립되어 있을 수 있습니다. 스트레스나 불안으로 인해 주변 사람들과의 관계를 멀리하려 하며, 이로 인해 사회적 지지망을 잃어버리게 될 수 있습니다.

이와 같은 특징들은 스트레스 저항성이 낮은 사람들에게서 두드러지게 나타나는 경향이 있습니다. 이러한 특징을 인식하고 극복하려는 노력을 통해 스트레스 저항성을 높이는 것도 충분히 가능합니다.

스트레스에 어떤 태도로 대처할까?

"왜 내게 이런 일이 생겼지?" 어려운 상황이 닥쳤을 때 '왜 하필 나에게만 이런 일이 생기지?'라고 생각하는 것은 많은 사람이 겪는 자연스러운 반응입니다. 대부분 자신을 중심으로 세상을 바라보기 때문에 자신에게만 어려운 일이 발생하는 것처럼 느껴질 수 있고 다른 사람들의 삶과 비교하며 자신만 힘든 것처럼 느끼기도 합니다. 다른 사람들도 행복한 모습만 보이고 싶지 힘든 부분을 잘 안 보여주니까요. 이런 생각에 너무 빠져들게 되면 그 끝은 자책과 원망뿐입니다. '나에게만 일어난 일'이 아니라 실은 '누구에게나 일어날 수 있는 일'이었습니다. 이 일이 왜 벌어졌는지가 아닌, 앞으로 나는 어떻게 할 것인지를 고민하세요. 맞닥뜨린 어려운 상황에 대한 통제감을 되찾는 데 도움이 될 수 있습니다.

탄력적이고 유연성 있는 태도

'꼭 이렇게 해야 한다, 이렇게 안 하면 실패다'라는 고정관념은 삶에서 불필요한 스트레스와 좌절감을 가져다줍니다. 실제로 삶은 예측할 수 없는 변수들로 가득하며, 모든 것이 원하는 대로 진행되지 않는다는 사실을 받아들이는 것이 필요합니다. 예를 들어, 여러분이 오랜 시간 준비한 여행 계획이 갑작스러운 상황으로 취소되었다면, 이를 기회로 삼아 가까운 곳에서 즐길 수 있는 새로운 활동을 찾거나, 집에서 휴식을 취하며 책을 읽거나 영화를 보는 시간으로 전환할 수 있습니다. 이러한 유연한 사고방식은 예상치 못한 변화를 새로운 기회로 전환하는 데 도움을 줍니다.

때로는 체념을 선택해야 할 때도 있습니다.

포기와 체념은 비슷해 보이지만, 사실 매우 다른 개념입니다. 포기란 던질 포에 버릴 기로 하려던 일을 도중에 그만두어 버리는 것을 뜻합니다. 반면 체념은 살필/깨달을 체, 생각 념으로 도리를 깨닫는다는 뜻입니다. 즉 포기는 중도에 그만두는 것을 의미하는 반면, 체념은 상황을 인정하고 받아들이는 것을 의미합니다. 때때로 체념은 필요한 단계가 될 수 있으며, 이는 실패가 아닌 새로운 시작을 의미할 수 있습니다. 반복적인 실패로 좌절감이 커져 더 이상 아무 것도 진행되지 않고 있다면 그 때는 체념이 필요할 때일지도 모릅니다.

세상과 타협하는 것도 중요합니다.

세상과의 타협은 삶에서 중요한 역할을 합니다. 때로는 우리의 이상과 현실 사이에서 균형을 찾아야 할 필요가 있습니다. 하고 싶은 것이 있어도 못할 수 있는 것이고 하기 싫을 때도 해야할 때가 있습니다. 상황과 무관하게 처음의 계획만을 고수하는 것이 아니라, 융통성이 필요합니다. '됐으면 좋겠지만 잘 안 될 수도 있겠다, ~하면 좋겠지만 못해도 다음을 노려보자, ~하고 싶지 않지만 일단 시도는 해보자'라는 식으로 중간점을 찾아낼 수 있어야 합니다. 가야할 길을 단 하나로 단정 짓지 마세요. A가 안 되었을 때 B가 가능하며, B가 안 되었을 때 C도 가능하다는 태도가 중요합니다. 상대와 협상을 할 때에도 자신의 주장을 밀어붙이기만 하는 것이 아닌 중간 지점을 찾는 것이 중요한 것처럼 삶을 살아갈 때도 마찬가지입니다. 삶에서 타협을 하는 것은 약점이 아니라 강점이며, 다양한 상황에서 최선의 결과를 얻기 위한 현명한 전략입니다.

"아니요"를 하는 능력이 있어야 오랜 관계를 유지할 수 있습니다.

D 씨는 거절을 못 하는 성격이라 난처한 적이 많았습니다. 친구들 사이에서도 자기 주장을 잘 못하다 보니 여기저기 휘둘리기도 하고 연애를 할 때도 거절을 못하니 오해를 사는 등 갈등의 원인을 제공하곤 했습니다. 누가 봐도 거절해도 될 상황임에도 거절의 말을 입 밖으로 꺼내는 게 몹시 어려웠습니다.

D 씨는 왜 이렇게 거절이 어려울까요?

D 씨의 어린 시절 이야기도 들어보았습니다. 어렸을 때부터 누군가의 제안을 거절하거나 자신의 뜻을 명확하게 주장한 적이 거의 없었다고 합니다. 분명 자신만의 욕구가 있었으며 욕구를 표현하려 시도도 해보았지만, 거절하는 것에 대한 죄책감과 오히려 상대에게 자신이 거절당할 두려움이 크게 느껴졌다고 합니다.

D 씨의 어머니는 D 씨와 반대로 자기 주장이 강하며 똑 부러지게 자신을 표현하는 사람입니다. 그래서 D 씨가 어머니에게 무언가 의견을 제시하면 어머니는 더 강하게 자신의 의견을 주장하며 D 씨의 의견을 들어주지 않았다고 합니다. 또한 D 씨가 어머니의 의견을 따르지 않을 때면 어머니는 강압적으로 자신의 의견을 따를 것을 주장하였고, 크게 혼을 내기도 하였습니다. D 씨는 매번 자신이 틀렸다고 느끼며 점점 자신의 의견에 대해 신뢰하지 못하였고 무언가를 결정할 때 어머니에게 점점 더 의존하게 되었습니다. 성장하면서도 무언가를 결정할 땐 친구들에게 의견을 물었으며 이런 것이 반복될수록 자신이 뭘 원하는지도 스스로 인지하기가 힘들었습니다. 이제는 타인이 없으면 안될 것 같았고, 그럴수록 타인이 무언가를 요청했을 때 거절하기도 어려워졌습니다.

D 씨는 이러한 환경에서 적응해내기 위해 아마 자신의 욕구를 무의식으

로 억압했을 것입니다. 자신의 욕구를 계속해서 인지하면서 어머니의 뜻을 거스르기에는 끊임없는 어머니와의 갈등을 감당했어야 했기 때문입니다. 하지만 D 씨는 성인이 된 이후에도 어머니와의 관계를 다른 사람과 반복하고 있었고 그랬기 때문에 대인관계가 깊어질수록 이유 모르게 지쳐갔습니다.

D 씨에게는 자신의 욕구를 표현하는 것은 물론 인지하는 것도 어려운 게 당연합니다. 그래야 어머니와의 관계에서 살아남을 수 있었으니깐요. 하지만 자신도 모르게 어머니가 아닌 타인과의 관계에서도 같은 생활이 이어졌습니다. 이제는 무의식에 가라앉아있는 자신의 욕구를 다시 발견해야 합니다. 누군가의 요구를 또다시 받아들이고 있다면 '정말 내가 원하는 일인가?' '거절당할까봐 두려운 마음이 드는 건가?'를 스스로에게 끊임없이 질문해 보아야 합니다. YES맨이 아닌 NO맨이 사람들 사이에서 오래 살아남을 수 있습니다.

사람을 이해하기 위해서는 같으려 하지 말고 다름을 인정하세요.

인간관계에서 스트레스 받는 사람들 사이에서 자주 들을 수 있는 얘기가 있습니다. '어떻게 그 사람이 그럴 수 있지? 이해가 도무지 안 돼' 이런 의문은 종종 사람들을 깊이 이해하려는 강한 의지와 더 나은 대인관계를 원하는 마음에서 비롯됩니다. 이해하려는 마음이 너무 큰 나머지 특정 상황에서 상대가 느낀 감정을 자신도 같게 느껴야만 이해를 하는 것이라 생각하게 되어서 그 상황에 자신을 대입해보지만, 도무지 같은 감정을 느끼지 못할 때면 큰 스트레스를 받게 됩니다.

만약 모든 사람이 같은 상황에서 같은 감정을 느낀다면 관계 스트레스는 1/4로 줄어들 것입니다. 그러나 우리 세상에는 너무나도 다양한 사람들이 존재하며, 같은 상황일지라도 각자가 느끼는 감정은 천차만별입니다. 즉 그들의 모든 감정을 똑같이 느끼기는 사실상 불가능합니다. 상대와 같은 감정을 느끼려고 지나친 노력과 에너지를 쏟아붓는 건 결국 그 관계를 유지하는 데 방해가 될 것입니다.

상대를 이해하기 위해서는 같으려 하지 말고 다름을 인정하세요. '나와 다르니깐. 나는 아니지만 그 사람은 그럴 수 있겠다.'라는 태도면 충분합니다.

하루를 돌아보면, 이해할 수 없는 일들이 매일 뉴스에 나오고 이해할 수 없는 사람들을 매일 만나게 될 것입니다. 무리하게 이해하려 노력하지 않아도 됩니다. 다만 다르다는 것을 잊지 마세요. 모든 사람과 상황은 그만의 사연이 있습니다.

감사일기 쓰기

감사일기 작성이 긍정적인 효과를 가져온다는 보고가 많습니다. 10주 동안 매주 한 번 감사일기를 쓴 사람들은 삶에 대한 더 긍정적인 평가를 할 수 있었고, 일주일에 한 번이 아니라 매일 5분 감사일기를 작성한 사람들의 삶의 만족도와 긍정적인 정서는 더욱 증가했습니다. 매주 한 번, 12주 동안 감사일기를 쓰는 것만으로도 심리치료를 받는 환자들이 주관적으로 느끼는 우울 및 불안증상 감소에 효과가 있었습니다. 또한 감사를 표현함으로써 다른 사람의 감정을 이해하고 공감하며 대인관계에서 적절하게 대처하는 데 도움이 되는 뇌의 연결망도 활성화되었습니다. 감사일기는 매주 감사했던 일 1-2가지만 기록하는 것도 좋고, 더 나아가 매일 작성하는 것도 괜찮습니다. 기록하다 보면 어떤 일에 감사함을 느끼는지 알 수 있고, 평소에 감사하다고 느끼지 못했던 일들에 대해 감사할 수 있게 됩니다. 물론 어떤 날은 도무지 감사한 일이 떠오르지 않을 때도 있습니다. 그럴 땐 감사일기를 무엇을 쓸 지 고민할 수 있는 나 자신에게 감사하세요.

오늘도 별 사고 없이 무탈하게 밤까지 지내 준 나에게 말입니다.

사람들과 연결되어 있기: 자신의 감정을 신뢰할 수 있는 친구나 가족에게 표현하기

여러분도 혼자가 아닙니다. 도와줄 수 있는 사람 한 명은 꼭 두세요. 그게 친구일 수도 다른 가족구성원일 수도, 여의치 않다면 의료진이 될 수도 있습니다. 자신의 감정을 털어 놓고 있는 그대로 받아들여지는 경험은 압도되는 감정에서 벗어나게 하는데 도움이 될 수 있습니다. 누군가에게 힘든 마음을 털어놓으면 듣는 사람은 마치 해결해 주어야 할 것 같고 뛰어난 지지를 해주어야 할 것 같은 부담에 시달릴 수 있으므로, 제3자에게 도움을 청할 때는 미리 '나의 이야기를 들어주기만 했으면 좋겠다. 어떠한 것도 하지 않아도 좋다'고 말을 하고 이야기하는 것이 좋습니다.

Chapter 3

우울증 부모를 대하는 자녀의 태도

우울증을 겪는 누군가를 위해 할 수 있는 일

하지 말아야 할 일들이 무언가를 하는 것보다 훨씬 더 중요합니다. 심지어 도움을 주려는 행동들조차도 부정적인 영향을 미칠 수 있으므로 주의를 해야 합니다. 과거를 돌아보면 항상 자신의 인생에서는 부정적 경험뿐이었다고 회상하는 경우가 많은데, 그 이유는 긍정적 기억보다 부정적 기억이 훨씬 더 강력하게 남기 때문입니다. 인간의 생존에는 긍정적 감정보다 부정적 감정이 더 중요했기 때문이라고 해요. 호랑이를 만났을 때 공포를 느껴야 도망갈 수 있는 것처럼 부정적 감정은 우리를 위험으로부터 보호해주며 그 상황에서 빠르게 대처할 수 있도록 돕습니다. 그러니 누군가에게 긍정적 경험을 주는 것 이상으로 부정적 경험을 주지 않는 게 중요합니다. 열 번 잘해주고 한 번 못해도 못한 것만 기억하는 경우가 많은 이유입니다.

이것만은 하지 말아주세요

재촉하지 마세요

빠른 우울증 회복을 도우려는 조급함에 과도한 재촉과 압박을 할 수 있습니다. 하지만 게으름과 우울증은 분명 다릅니다. 게으름은 일상생활에서 움직임이나 일하기를 꺼리는 행동양식을 말하는 반면, 우울증 환자는 '움직이고 싶다'는 의지가 있어도 움직일 수 없어서 그 괴리감에 고통을 받으며 자기 자신을 비난하고 혐오하며 괴로워합니다.

이런 상황에서 '일어나서 무언가든 해라'는 건 도움되지 않습니다. 부담일 뿐입니다. 우울증이 없는 사람에게는 일정 수준의 압박과 재촉이 도움될 수도 있지만 우울증 환자에겐 그렇지 않습니다. 자신만의 속도로 회복할 수 있도록 여유와 시간을 제공해야 합니다. 몇 개월 또는 1년 이상의 시간이 필요할 수 있습니다.

섣불리 자신의 경험에 비추어 잘못된 공감을 하지 말아주세요

"나도 예전에 그랬었는데 시간이 지나면 괜찮아져"라는 위로는 비슷한 경험을 공유하려는 의도겠지만, 비슷한 경험이라도 사람마다 다르게 해석됩니다. 이러한 이유로 자신의 경험을 다른 사람의 경험과 비교하는 것은 지양해야 합니다. '나는 당신을 이해한다'는 말도 가볍게 하지 않는 것이 좋습니다. 대신 '완벽하게 이해할 수 없을지라도, 최선을 다해 이해하려고 노력하겠다'는 의지를 표현하는 것이 중요합니다.

너무 무언가 해주려 하기보다 평소처럼 대해주세요

우울증 진단을 받은 사람에게 많은 질문을 하거나 과도한 걱정을 표현하고 갑작스러운 친절을 베푸는 것은 부담스럽게 작용할 수 있습니다. 주변 사람들의 갑작스러운 변화는 불편함을 줄 수 있으며, 아무리 긍정적 방향으로의 변화라도 우울증을 진단받은 후에야 이러한 변화가 생긴다는 것에 분노를 유발할 수 있습니다. 또한, 환자 자신도 혼란스러울 것이고, 주변 사람들의 변화는 자신이 환자임을 지속적으로 상기시킬 수 있습니다. 이는 환자가 자신이 가족에게 부담을 주는 존재라는 부정적인 생각을 강화할 수 있습니다. 따라서 평소처럼 대하는 것이 가장 좋습니다. 과도한 걱정이나 감정적인 표현은 환자에게 부담을 주고, 그로 인해 환자가 더욱 솔직하지 못하게 만들 수 있습니다.

"괜찮아?" 묻는 것은 이제 그만

가족이 제공할 지지는 환자가 혼자가 아님을 느끼게 하는 것입니다. 결국 환자를 회복시키는 건 주변 사람들의 이러한 도움입니다. 하지만 현실에서는 '이제 좀 괜찮아? 다 나았어?' 같은 불필요한 질문을 하는 경우가 많습니다. 아직 괜찮지 않은 환자에게는 상처일 수 있으니, 괜찮아졌다는 답을 듣고 싶은 마음이 드러나는 질문은 피해야 합니다.

긍정적으로 생각하라는 이야기가 우울증 환자에게 쓸모 없는 이유

우울증 환자는 긍정적인 감정이 줄어들고 부정적인 감정이 증가하는 상태입니다. 이는 우울증에서 뇌의 복측내측전전두엽과 편도 부위, 즉 감정을 조절하는 뇌 부위에서 신경전달물질의 불균형이 발생하기 때문입니다. 우울증 환자의 경우, 평소에도 이 뇌 부위가 활성화되어 있어서 죄책감, 무가치감, 우울감 등을 자주 느낍니다. 또한, 부정적인 감정에는 이 뇌 부위가 과도하게 활성화되고, 긍정적인 감정에는 반응이 둔해집니다. 그래서 우울증 환자는 부정적인 감정을 더 크게 받아들이고, 긍정적인 자극에는 거의 반응하지 않게 됩니다.

정답을 주지 않아도 괜찮습니다

우울증은 환자가 해야 할 것을 몰라서 벗어나지 못하는 상태가 아닙니다. 따라서 우울증 극복 방법을 지시하지 말아야 합니다. 또한, 과도한 걱정이라는 증상이 있으므로, '걱정하지 마라' '걱정 해 봤자 변하는 것 없다' 등의 말은 도움이 되지 않고, 오히려 환자에게 자신이 이해 받지 못하고 고립되어 있다고 느끼게 할 수 있습니다. 어떤 말을 해야 할지 모르겠다면 그저 끄덕여주거나 어깨를 토닥이는 것만으로도 충분합니다.

평소보다 조금 더 천천히 대해주세요

우울증이 있으면 사고력이 느려지므로 너무 많은 제안을 한 번에 하거나 복잡한 활동을 권하는 것은 피해야 합니다. 부모님의 대응이 침묵으로 나타나는 경우 재촉하지 말고 기다리는 것이 좋습니다. 생각을 정리하는 과정일 수 있습니다. 만약 부모님의 활동량이 줄고 수면 시간이 늘어나거나 혼자 있는 시간이 많아졌다면 그것은 회복을 위함이고 에너지를 아끼기 위함입니다.

위로는 이렇게 해주세요

힘든 마음을 인정해주기

부모가 힘든 마음을 표현했을 때 힘든 마음 그 자체를 인정해주는 게 중요합니다. 그 마음이 예민하거나 이상한 게 아니라 그런 상황에서는 자연스럽게 느껴질 수 있는 감정이라고 인정해주세요. "그때 좀 어땠어요? 얼마나 힘들었어요?" 진심으로 관심을 보여주세요. 눈부신 해결책이나 위로가 필요하지 않습니다. 무엇이 힘든지 일일이 이해하기 이전에 단지 부모님이 힘든 감정을 공유하고자 했던 그 마음부터 이해하는 것이 중요합니다.

원한다면 일상의 일부를 함께 하기

우울증의 정도가 아직 일상을 영위할 수 있는 정도라면 부모와 커피타임을 가지거나 산책하는 등 긍정적인 활동을 함께하는 것이 도움이 될 수 있습니다. 하지만 이를 강요하거나 부모에게 부담을 주어선 안 됩니다. 부모가 스스로 활동을 하려고 할 때는 함께하려는 의사를 물어보고, 원하면 함께 하는 게 좋습니다.

도움을 줄 수 있는 상태를 유지하기

자녀로서 부모를 돌보는 건 쉽지 않은 일입니다. 부모를 위한다고 지치도록 모든 걸 맡는 것은 좋은 생각이 아닙니다. 부모가 작은 일이라도 스스로 해낼 때, 그 노력을 격려하며 이것이 회복 과정의 일부임을 이해시키는 게 중요합니다. 부모의 모든 요구사항을 무조건 들어주는 것도 바람직하지 않습니다. 자신도 견디기 힘들 때는 부모와 거리를 두는 게 좋습니다. 도움을 줄 수 있는 사람이 되기 위해선 항상 힘을 남겨두어야 합니다.

어떻게 해야 할지 모르겠다면, 직접적으로 물어보세요

모두의 생각과 기대는 다르다는 사실을 인식해야 합니다. 어떤 사람은 자신만의 시간과 공간을 원하고, 어떤 사람은 가족과의 시간을 원합니다. 그렇기에 누군가가 어떤 게 좋다고 결정하기보다는 어떻게 하면 좋을지 이야기를 나누는 게 더 좋습니다.

적절한 대화를 하세요

해서는 안 되는 말	하면 좋은 말
· 별것도 아닌데 왜 그래 · 너보다 더 힘든 사람도 많아 · 다 괜찮아질 거야, 다 지나갈 거야, 다 잘 될 거야 · 기분 전환될 만한 걸 좀 찾아봐 · 긍정적으로 생각해봐 · 너만 힘든 건 아니야 · 너보다 힘든 사람이 얼마나 많은데 · 너무 예민하게 받아들이지마 · 자신감을 좀 더 내봐	· 네 편이야 · 내가 함께 있을게 · 괜찮아 시간이 걸릴 뿐이야 · 좀 많은 시간이 걸리면 좀 어때 · 이렇게 힘든 시간을 혼자서 어떻게 견뎌 냈어?

인내심을 가지는 것이 중요합니다

부모의 우울증 치료를 설득하고 대처하는 방법을 여러 가지 이야기했습니다. 현실에 적용하기 어려울 수도 있으며 원하는 결과를 얻기 힘들 수 있습니다. 중요한 것은 부모의 마음이 열리는데 시간이 필요하다는 걸 받아들이는 겁니다. 이 책을 읽고 있는 사람이라면 이미 이보다 더 노력할 수 있을까요? 이 다음의 일은 부모의 선택입니다. "마음이 바뀌면 언제라도 말해주세요. 제가 도울게요."라는 태도로 기다리는 것 외에는 별다른 방도가 없다는 걸 인정해야 할 수도 있습니다.

치료를 지속적으로 받아야 하는 환자가 여러 가지 이유로 치료 중단 의사를 비출 때가 있습니다. 최선을 다해 왜 그렇게 하려고 하는지에 대해 이유를 나누어 보기도 하고 그 이유에 대해 깊은 공감을 하여 치료를 잘 이어가는 경우도 있지만, 그렇지 않은 때도 있습니다. 환자가 자타해 위험이 있는 게 아닌 이상 강요할 수 없는 일입니다. 선택을 존중하고 언제든 문을 열어 두어 기다리는 게 최선입니다. '서두르지 않는 마음'이 가장 중요합니다. 이번만이 있는 것은 아니니깐요.

부모 곁에서 친밀하게 지내는 게 아닌 살아남아 주는 것만으로도 변화를 일으킬 수 있는 큰 힘이 될 수 있습니다

마치 어린 시절부터 부모가 자녀의 어떠한 공격성에도 사라지지 않고 곁에 남아 준 것처럼, 부모의 곁에서 꼭 친밀감을 표현하며 대해주는 것이 아닌 살아 남아 주는 것만으로도 큰 변화를 일으킬 수 있다는 것을 분명히 믿습니다.

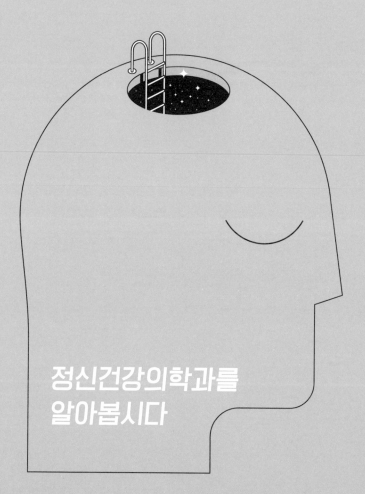

PART 5

정신건강의학과를
알아봅시다

언제 정신건강 전문가의 도움을 받으면 좋을까요?

신체가 아플 때도 그렇듯이 개인마다 병원을 찾게 되는 역치는 다릅니다. 하지만 혈압이나 체온 등에는 정상 기준이 있고 신체 통증은 시각적으로도 확인할 수 있어 병원을 찾는 게 상대적으로 쉽습니다. 마음의 아픔은 눈에 보이지 않는 만큼 기준이 분명하지 않을 때가 많습니다. 그래서 전문가를 찾기 전이든, 찾아간 후이든 '이 정도 힘든 걸로 가는 게 맞나?'라는 의구심을 품는 경우가 많습니다. 정신건강의학과 진료를 받는 명확한 기준이 있는 건 아니지만 어느 정도 기준을 제시하자면, PHQ-9(11페이지)에서 10점 이상이 나오면서 위의 문제로 직장일, 집안일, 대인관계 등의 일상생활에 어느 정도 어려움을 느끼고 있거나, **9번 문항(차라리 죽는 것이 낫겠다)을 1점 이상으로 응답한 경우에는** 정확한 진단과 치료를 위해 정신건강의학과 내원을 반드시 해보는 게 좋습니다.

정신건강의학과? 상담센터? 어디를 가야 하죠?

정신건강의학과는 질병을 다루는 곳입니다. 마음의 질병을 판단할 때 특히 일상생활의 지장 여부가 중요합니다. 우울이나 불안 등으로 일상생활에 지장이 있다면 정신건강의학과에 내원하는 것이 좋습니다. 반면, 일상생활에는 지장이 없지만 마음이 답답하거나 자신에 대해 더 깊게 이해하고 싶은 경우나 비슷한 패턴의 대인관계 문제가 반복되는 등의 경우는 어느 정도 진료시간이 확보된 예약제인 정신건강의학과의원이나 상담센터를 선택해도 좋습니다.

현재의 고통이 너무 커서 빠른 호전을 원한다면, 정신건강의학과에 내원하여 약물치료를 받는 것이 좋습니다. 약물치료는 일반적으로 2-3주 후부터 효과가 나타나지만 경미한 우울감의 경우에는 1주 이내로 호전을 느낄 수도 있습니다. 상담은 3-6개월에서 수 년까지의 시간이 걸릴 수 있습니다.

정신건강의학과로 가더라도 장시간의 상담이 필요하다고 판단되면 직접 상담을 하거나 상담센터를 추천합니다. 반대로 상담센터를 먼저 방문했더라도 약물치료가 필요하다면 정신건강의학과를 추천할 겁니다. 가장 중요한 것은 어디든 더 마음이 내키는 곳으로 방문해 보는 것입니다.

약물치료와 심리치료, 어느 게 더 효과적인가요?

치료의 효과는 누구에게나 일률적으로 적용되는 답이 없습니다. 치료선택은 환자의 동기, 현재 상태, 진단명, 목표 등을 고려하여 결정해야 합니다.

우울장애, 공황장애, 강박장애, PTSD 등의 명확한 '정신적 증상'이 있고 이 증상들이 일상생활에 지장을 준다면 약물치료를 우선적으로 받는 게 적합할 수 있습니다. 이러한 질병의 존재 여부는 모든 진단명에 공통적으로 들어가는 기준인 **"증상이 사회적, 직업적, 또는 다른 중요한 기능 영역에서 임상적으로 현저한 고통이나 손상을 초래하는가?"**를 통해 판단할 수 있습니다.

예를 들어 우울감이나 의욕저하로 인해 식사를 잘 못 하거나 잠을 제대로 자지 못하거나 출근이나 모임에 참여하지 못하거나 평소에 잘 해오던 대인관계에서 갈등이 생기는 등 기능이 저하된다면 병원을 찾는 게 좋습니다. 자해나 타해의 위험이 있는 경우에는 증상이 빠르게 호전되어야 하므로 약물치료가 필요할 수 있습니다.

반면, 일상적인 기능은 저하되지 않았지만 우울감이나 공허감이 지속되는 경우에는 과거의 트라우마나 힘든 경험이 현재에 영향을 미치고 있을 수 있습니다. 이런 경우에는 약물치료보다는 심리치료를 통해 해당 경험이 현재에 어떻게 영향을 미치고 있는지를 살펴보는 게 적합할 수 있습니다.

요즘에는 청년층을 중심으로 정신건강의학과에 접근하는 문턱이 낮아져서 약물을 처방하지 않는 경우도 많이 늘었습니다. 하지만 약물치료가 꼭 필요한 경우에도 약물치료를 받지 않는 것은 증상을 방치하고 본인을 위험에 빠뜨리는 일이 될 수 있습니다. 약물치료의 필요성은 각 개인의 상황에 따라 달라지므로 전문가와 상의하여 결정하는 게 중요합니다.

진료예약은 어떻게 해야 하나요?

정신건강의학과 의원은 예약제로만 운영되는 곳과 당일 접수도 가능한 곳이 있습니다. 따라서 방문 전에 전화를 하여 알아본 뒤 대처해야 합니다. 예약이 필요하다면 전화 또는 인터넷으로 가능합니다.

정신건강의학과 의원을 간다면 어떤 곳을 예약해야 할까요?

ㅣ 어디에서 진료를 받아야 하는지

쉽게 접근할 수 있는 집이나 직장 근처가 좋습니다. 마음의 장벽이 있는데 거리의 장벽까지 더해지면 치료를 받기가 어려워질 수 있습니다. 인근

의원을 갈 경우에 지인을 마주치진 않을지 염려하는 경우에는 부모의 의견을 고려해야 하겠지만, 너무 멀리 있는 의원을 선택하는 건 이용 자체의 어려움이 될 수 있습니다.

┃ 치료자 선택의 중요성

환자와 치료자의 궁합은 치료결과에 큰 영향을 미칩니다. 개인적 경험과 선호에 따라 안정감을 느끼는 치료자가 다를 수 있습니다. 예를 들어 반응이 크고 지지와 격려의 표현을 많이 하는 치료자를 원하는 환자도 있고, 이를 부담스러워 하는 환자도 있습니다. 반대로 큰 반응 없이 차분하고 중립적으로 반응하는 치료자에게서 안정감을 느끼는 환자가 있고, 냉담하다고 느끼는 환자도 있습니다. 뿐만 아니라 중년의 치료자가 편안할 수도 있고 젊은 치료자가 편안할 수도 있죠. 아버지와의 갈등이 항상 힘들었던 환자는 중년 남성 치료자가 특히 불편할 수 있습니다. 이건 '전이'라는 현상으로 과거 중요한 인물에게 느꼈던 감정을 치료자에게 투사하여 느끼는 것인데, 중요 인물과 유사한 모습을 치료자에게서 발견할 경우 부정적 감정이 극대화되어 나타날 수 있습니다. 하지만 이건 문제가 아니라 오히려 환자가 힘들어 하는 문제가 드러나는 계기가 되며 오히려 이를 잘 다루어나가면 집중적인 치료로 이어지는 기회가 되기도 합니다. 그러니 치료자에게 불편감을 느꼈다면 이것에 대해 치료자와 이야기하는 게 도움이 됩니다.

이러한 과정은 많은 에너지가 들기 때문에 첫 진료를 받을 때 부담감이 있다면, 초기 몇 차례의 진료를 통해 본인에게 편안한 치료자를 찾는 게 좋습니다. 처음 만난 치료자와 잘 맞지 않는다고 느끼면 두세 번 정도 다른 치료자와 상담을 시도해보세요. 닥터쇼핑은 지양해야 하지만 적절한 치료자를 찾기 위한 시도는 필요할 수 있습니다.

상담센터를 간다면 어떤 곳을 예약해야 할까요?

우선은 상담센터의 상담사가 적절한 자격과 전문성을 갖추었는지 확인해야 합니다. 상담사는 크게 임상심리전문가와 심리상담전문가로 구분할 수 있습니다. 임상심리전문가는 '임상'이라는 말에서 알 수 있듯이 병리가 있는 환자를 대상으로 심리평가 및 치료 등을 하므로 주로 병적인 문제를 다루는데 특화되어 있습니다. 반면 심리상담전문가는 일반인이 정상발달 과정 동안 나타나는 적응문제나 개인의 성장과 발달을 위한 상담을 전문으로 하며 자격증을 취득한 이후에도 일반인을 상담하는 수련 과정을 거치게 됩니다. 대부분 임상심리사는 병원 및 상담센터에서 근무하고 상담심리사는 학교나 사기업 및 상담센터에서 근무합니다. 하지만 공인 자격증이 없어도 상담센터 운영과 근무가 가능하기 때문에 검증된 자격을 지녔는지 확인하고 가는 게 좋습니다.

임상심리전문가는 수련을 마친 후 **한국임상심리학회에서 공인된 임상심리전문가 자격증과 보건복지부의 정신건강임상심리사 자격증을 취득하게 되는데, 이 자격증을 가지고 있는지를 확인하세요. 심리상담전문가는 한국상담학회나 한국상담심리학회의 공인된 자격증을 가지고 있는지를 확인하고 치료자로 선택하는 것이 좋습니다.**

상담센터도 집이나 직장 근처의 물리적 접근이 쉬운 곳을 선택하는 게 좋습니다. 상담센터는 보험처리가 되지 않으므로 센터마다 가격차이가 있습니다. 일반적으로는 50분 상담 기준 약 10만원 정도이지만, 반드시 가격을 미리 확인하고 예산에 맞는 센터를 선택해야 합니다. 물론 상담자와의 궁합도 중요합니다.

병원마다 진료 시간이나 진료 시스템이 다른가요?

정신건강의학과는 개인 의원, 병원, 종합병원, 대학병원 등 다양한 유형의 의료기관이 있고 저마다 진료시간과 진료시스템이 다릅니다.

개인 의원은 외래진료를 위주로 합니다. 입원치료가 필요해지면 입원이 가능한 병원으로 전원을 가야하며 기저질환이 많거나 신체적 문제가 동반된 환자의 경우 혈액검사를 포함한 검사를 받기 어렵고 타과와 협력진료하기 어렵다는 한계가 있습니다. 이러한 의원들은 예약제 또는 비예약제로 운영되며 예약제 의원은 일반적으로 15분, 20분, 30분 또는 40분 간격으로 예약을 받습니다. 초진 환자는 30분 또는 40분으로 진료를 받는 의원도 있습니다. 예약제 의원의 장점은 면담 시간이 어느 정도 보장되며 대기시간이 비예약제 의원보다 짧을 수 있다는 점입니다. 반면 비예약제 의원은 내원을 원할 때 언제든 내원이 가능하지만, 대기환자 수에 따라 대기시간이 길어질 수 있으며 환자가 많을 경우 진료 시간이 5-10분 정도로 짧을 수 있습니다. 개인 의원은 증상이 안정되기 이전에는 대학병원에 비해 비교적 1-2주 간격의 짧은 주기로 내원이 가능하다는 장점이 있습니다.

30병상 이상을 갖추고 있으면 병원이라고 합니다. 입원치료도 가능하며 의원보다 환자수가 많아 예약을 하더라도 의원에 비해 진료시간이 더 짧습니다. 규모가 있으므로 혈액검사나 MRI 등 진행할 수 있는 검사 수가 많으며 신체적 문제가 있을 경우에 타과와 협력진료를 할 수도 있습니다 (종합병원의 경우).

대학병원은 가장 큰 규모로 다양한 전문 분야의 교수들이 상주하여 전문적인 진료를 받을 수 있습니다. 더욱 다양한 검사와 타과 협력진료가 가능해 신체적 문제와 동반된 정신질환이나 인지기능이 저하되는 등의 뇌의 기질적 문제를 확인해야 한다면 대학병원 진료가 적합할 수 있습니다. 입원치료, 집단치료, 인지행동치료, 바이오 피드백, ECT 등 다양한 치료가 가능하지만, 대기 시간이 길 수 있고, 진료 시간이 5-15분 이내로 짧을 수 있습니다. 특히 유명한 교수는 초진 예약에도 몇 개월 또는 1년 이상의 대기 시간이 필요할 수 있습니다. 대학병원은 외래진료대기도 많지만 입원대기도 많기 때문에 입원치료도 무작정 길게 하는 것이 불가능하며 대개 질환과 환자의 상태에 따라 2-4주 정도만 입원합니다. 장기입원이 필요한 때는 종합병원으로 전원을 가게 됩니다.

정신건강의학과 진료 비용이 많이 비싼가요?

정신건강의학과 진료비는 기본적으로 건강보험 적용이 가능하여 상담센터와 비교하면 크게 비싸지 않습니다. 그러나 의료기관의 종류나 시간, 그리고 특정 척도 검사의 유무 등에 따라 비용이 달라질 수 있습니다.

• **의료기관에 따른 차이** : 개인 의원, 종합병원, 대학병원 등 의료기관에 따라 진료 비용이 다릅니다. 개인 의원에서 대학병원으로 갈수록 환자 본인 부담률이 상담료(개인정신치료료) 기준 약 10%에서 약 40%까지 상승합니다. 즉, 대학병원에서 진료를 받으면 환자가 직접 부담해야 하는 진료비가 더 비싸집니다.

• **초진 및 재진에 따른 차이** : 진료비는 초진인지 재진인지에 따라 초진진찰료, 재진진찰료라는 다른 진찰료가 책정되며 초진의 경우 추가적으로 진단에 도움이 되는 검사가 시행될 수 있으므로 더 비쌉니다. 여러 의원을 계속 바꾸며 진료하면 계속 초진 진찰료를 내야 합니다.

- **진료시간에 따른 차이** : 진료시간이 길어질수록 진료비 또한 상승합니다.

- **시행검사에 따른 차이** : 의원마다 진료비의 차이가 있는 이유는 진료 시에 시행하는 척도 검사 항목이 다르기 때문입니다. 미용시술을 받을 때같은 시술이라도 피부과마다 비용이 다른 것처럼, 정신건강의학과 역시 건강보험이 적용되지 않는 비급여 검사는 의원이 임의로 가격을 정할 수 있어서 진료비 차이가 발생하게 됩니다. 비급여 항목은 홈페이지나 책자 혹은 벽보에 비용이 공개되어 있기 때문에 진료비를 내기 전에충분히 알아보고 비교할 수 있습니다.

- **야간 및 주말 진료에 따른 차이** : 평일 6시 이후의 야간진료나 토요일 1시 이후 진료, 공휴일 진료는 택시비 할증처럼 진찰료가 20-30% 가산됩니다.

대학병원 진료를 보려면 어떻게 해야하나요?

처음부터 대학병원을 가면 건강보험이 적용되지 않아 진료비 100%를 본인이 부담해야 해서 엄청난 진료비를 내게 될 수 있습니다. 그렇기 때문에 대학병원 진료를 원한다고 해도 우선은 인근의 개인 의원에 내원하여 대학병원 진료가 필요하다는 진료 의뢰서를 발급 받아서 가는 게 좋습니다. 개인 의원의 경우 증상의 심각도가 높고 검사나 입원치료가 필요한 경우에 당연하게 대학병원에 의뢰하게 됩니다. 자신이 대학병원에서 진료를 보는 게 좋을지, 개인 의원에서 진료를 보는 게 좋을지 막막하다면 우선은 개인 의원에 내원해 전문가와 상의하는 게 좋습니다.

정신건강복지센터 이용하기

거주 지역의 관할 정신건강복지센터 웹사이트에 들어가면 소득 수준에 따라 정신건강의학과 진료에 대한 치료비 지원 사업을 하는 곳이 있습니다. 시기에 따라 소득과 무관하게 진료비 지원을 할 때도 있으므로 정신건강복지센터에 진료비 지원 관련 문의를 해보시면 좋습니다. 게다가 처음부터 정신건강의학과 내원이 부담된다면 각 구의 정신건강복지센터에서 정신건강전문요원과 무료 상담을 진행하세요. 필요하다면 타 의료기관에 연계를 해주는 정신건강 증진사업을 하는 곳도 있으므로 정신건강복지센터를 먼저 내원하는 것도 방법입니다.

마음이 힘든 분들에게 드리는 작가의 편지

병원으로 내원해주시는 많은 분이 스스로 너무 힘든데도 자신이 힘들어하는 게 이상하다고 생각하며 스스로의 마음에 의문을 품습니다. 그리고 저에게,

이 정도면 내가 힘들어 해도 되는지,
이 정도면 힘들다고 누군가에게 말을 해도 되는지,
이 정도면 병원에 와도 되는지,
이 정도면 유별난 건 아닌지를 묻습니다.
'마음이 힘들다'는 것에 객관적인 기준은 없습니다.

A라는 사람은 관심받지 못하는 상태를 못 견디게 힘들어할 수 있고, B라는 사람은 과도하게 관심받는 상태를 못 견디게 힘들어할 수 있습니다. A에게는 누군가의 조금의 관심이 그 하루를 견디게 하는 힘이 되지만, B에게는 조금의 관심도 부담이 됩니다.

어떤 사람에게 못 견디게 힘들만 한 일이 다른 사람에겐 아닐 수 있고, 어떤 사람에게 기다리고 기다리던 일이 다른 사람에겐 힘든 일일 수 있다는 겁니다.

우리는 각자의 이유로 각자의 어려움을 겪으며 각자 고유의 힘든 마음을 느끼는 겁니다. 나의 힘든 마음은 그 누구와도 비교 불가한 것입니다.

그러니 "다른 사람도 이런 거로 힘들어 하나요?"라는 질문은 의미가 없습니다. 스스로 힘들다고 느낀다면 그 마음은 의심할 여지 없이 100%, 아니 200% 맞는 것입니다.

부모가, 친구가, 심지어 정신과 의사가 힘들어하는 내 마음에 대해 뭐라고 왈가왈부한다면, 그건 내 마음을 잘 몰라서 그런 것이지 내 마음이 틀렸다는 뜻이 아닙니다.

적어도 '내 마음'에 대해서만은 그 누구보다도 당당하셔도 됩니다. 그리고 '마음이 힘들다'라고 느껴지신다면 언제든 정신건강 전문가를 찾아가서도 괜찮습니다.

참고문헌

PART 1

Freeman, E. W., Sammel, M. D., Lin, H., & Nelson, D. B. (2006). Associations of hormones and menopausal status with depressed mood in women with no history of depression. Archives of General Psychiatry, 63(4), 375-382.

S. M. Kwon.(2000). Depression stagnation and despair of swamp. Hakjisa

S. Yang, K. S. Lee, J. S Lee, H. J. Kwan, M.H. Lee, K.O. Oh, et al. (2016) Psychiatric Mental Health Nursing. 5th ed. Seoul ; Hyunmoonsa

Y. R. Chin, H. Y. Lee, E. S. So. (2011). Suicidal ideation and associated factors by sex in Korean adults: a population-based cross-sectional survey. International journal of public health, 56(4), 429-39.

PART 2

Keller M B, Kocsis J H, Thase M E, Gelenberg A J, Rush A J, Koran L, Schatzberg A, et al. (1998). Maintenance phase efficacy of sertraline for chronic depression: a randomized controlled trial. Jama, 280(19), 1665-1672.

Gueorguieva, R., Chekroud, A. M., & Krystal, J. H. (2018). Trajectories of relapse in randomized, placebo-controlled trials of treatment discontinuation in major depressive disorder: An individual patient-level data meta-analysis. JAMA psychiatry, 75(4), 394-401.

Buckman J.E.J., Underwood A., Clarke, K., Saunders R, Hollon S.D., Fearon, P., Pilling, S. (2018). Risk factors for relapse and recurrence of depression in adults and how they operate: A four-phase systematic review and meta-synthesis. Clin Psychol Rev.

Shi Z, et al. (2017) SSRI antidepressant use potentiates weight gain in the context of unhealthy lifestyles: results from a 4-year Australian follow-up study. BMJ Open.

Shou, H., Yang, Z., Satterthwaite, T.D., Cook, P.A., Bruce, S.E., Shinohara, R.T., Rosenberg, B., & Sheline, Y.I. (2017). Cognitive behavioral therapy increases amygdala connectivity with the cognitive control network in both MDD and PTSD. NeuroImage: Clinical, 14, 464-470.

De Jonghe, F., Kool, S., van Aalst, G., Dekker, J., and Peen, J. Combining psychotherapy and antidepressants in the treatment of depression. Journal of Affective Disorders, (2000). 59(1): 39-49.

https://www.health.harvard.edu/blog/transcranial-magnetic-stimulation-for-depression 2018022313335

Poulin, M. J., Brown, S. L., Dillard, A. J., & Smith, D. M. (2013). Giving to others and the association between stress and mortality. American journal of public health, 103(9), 1649-1655.

Musick, M. A., & Wilson, J. (2003). Volunteering and depression: the role of psychological and social resources in different age groups. Social Science & Medicine, 56(2), 259-269. Thoits, P. A., & Hewitt, L. N. (2001). Volunteer work and well-being. Journal of Health and Social Behavior, 42(2), 115-131

Min, S. K., Suh, S. Y., Cho, Y. K., Huh, J. E., & Song, K. J. (n.d.). Development of Hwa-Byung Scale and Research Criteria of Hwa-Byung. Departments of Psychiatry, Biostatistics, Yonsei University College of Medicine, Seoul, Korea; Department of Psychiatry, Pochon CHA Medical School, Seongnam, Korea.

Fava M, Rosenbaum JF, Pava JA, mCcarthy MK, Steingard RJ, Bouffides E. (1993). Anger attacks in unipolar depression, Part 1: clinical correlates and response to fluoxetine treatment.Am J Psychiatry: 150: 1158-63

민성길, 서신영, 전덕인, 홍현주, 박상진, 송기준. (2009) 화병 증상에 대한 paroxetine의 효과. 대한정신약물학회지. 20:90-7

박영주. (2004). 중년 여성과 화병, 의학행동과학 3;74-80

Psychodynamic Treatment of Somatoform Disorders. Kaplan & Sadock's Comprehensive Textbook of Psychiatry, (2009).

Kendler, K.S., Neale, M. C., Kessler, R. C., Heath, A. C., & Eaves, L. J. (1992). Generalized anxiety disorder in women: A population-based twin study. Archives of General Psychiatry, 49(4), 267-272.

Borkovec TD., Costello E. (1993). Efficacy of applied relaxation and cognitive-behavioral therapy in the treatment of generalized anxiety disorder. Journal of Consulting and Clinical Psychology, 61(4), 611-9.

Manzoni, G. M., Pagnini, F., Castelnuovo, G., & Molinari, E. (2015). Relaxation training for anxiety: a ten-years systematic review with meta-analysis. BMC Psychiatry, 15, 21.

Bockting, C. L., Hollon, S. D., Jarrett, R. B., Kuyken, W., & Dobson, K. (2015). A lifetime approach to major depressive disorder: The contributions of psychological interventions in preventing relapse and recurrence. Clinical Psychology Review, 41, 16-26.

채정호, 정찬승, 민성길, 김종진, 미하엘 린덴. (2021). 한국인의 울분과 외상 후 울분장애

PART 3

William R. Miller, Stephen Rollnick (2015). 동기강화상담 제3판.

Dillard, J. P., & Shen, L. (2005). On the nature of reactance and its role in persuasive health communication. Communication Monographs, 72(2), 144-168.

Karno, M. P., & Longabaugh, R. (2005a). Patient reactance as a moderator of the effect of therapist directiveness on treatment outcome with alcohol-dependent men. Journal of Studies on Alcohol, 66(6), 825-832.

Bexton B. (2001). Andropause and depression: A perspective for the clinician. J Sex Reprod Med; 1(2):99-103.

Benedek, T. (1959). Parenthood as a developmental phase: a contribution to the libido theory. Journal of the American Psychoanalytic Association, 7, 389-417

Erikson, E. (1993). Childhood and society. New York:Basic Books.

Winnicott, D.W. (1958). The capacity to be alone. International Journal of Psychoanalysis, 39, 411-420.)

Erikson,E.H. (1968), Identity: Youth and crisis. New York: W.W.Norton&Co.

Kaplan & Sadock's, Synopsis of Psychiatry 11th edition

The American Psychiatric Publishing Textbook of Psychiatry 6th edition

Deffenbacher, J.L. (1996). Evaluation of two cognitive-behavioral approaches to general anger reduction. 20, 551-573

Part 4

Emmons, R. A., & McCullough, M. E. (2003). Counting blessings versus burdens: An experimental investigation of gratitude and subjective well-being in daily life. Journal of personality and social psychology, 84(2), 377-389.

Lambert, N. M., Fincham, F. D., & Stillman, T. F. (2012). Gratitude and depressive symptoms: The role of positive reframing and positive emotion. Cognition and Emotion, 26(4), 615-633.

Wong, Y. J., Owen, J., Gabana, N. T., Brown, J. W., McInnis, S., Toth, P., & Gilman, L. (2018). Does gratitude writing improve the mental health of psychotherapy clients? Evidence from a randomized controlled trial. Psychotherapy research, 28(2), 192-202.

Kini, P., Wong, J., McInnis, S., Gabana, N., & Brown, J. W. (2016). The effects of gratitude expression on neural activity. NeuroImage, 128, 1-10.

Zauszniewski, J.A., Bekhet, A.K., Suresky, M.J. (2010). Resilience in family members of persons with serious mental illness. Nurs Clin North Am 45(4):613-26, vii

Zschucke, E., Renneberg, B., Dimeo, F., Wüstenberg, T., & Ströhle, A. (2015). The stress-buffering effect of acute exercise: Evidence for HPA axis negative feedback. Psychoneuroendocrinology, 51, 533-542.

Northey, J. M., Cherbuin, N., Pumpa, K. L., Smee, D. J., & Rattray, B. (2018). Exercise interventions for cognitive function in adults older than 50: a systematic review with meta-analysis. British journal of sports medicine, 52(3), 154-160.

Basso, J. C., & Suzuki, W. A. (2017). The Effects of Acute Exercise on Mood, Cognition, Neurophysiology, and Neurochemical Pathways: A Review. Brain Plasticity, 2(2), 127–152.

Morres, I. D., Hatzigeorgiadis, A., Stathi, A., Comoutos, N., Arpin-Cribbie, C., Krommidas, C., & Theodorakis, Y. (2019). Aerobic exercise for adult patients with major depressive disorder in mental health services: A systematic review and meta-analysis. Depression and anxiety, 36(1), 39–53.

Polyakova, M., Stuke, K., Schuemberg, K., Mueller, K., Schoenknecht, P., & Schroeter, M. L. (2015). BDNF as a biomarker for successful treatment of mood disorders: a systematic & quantitative meta-analysis. Journal of Affective Disorders, 174, 432–440.

Pitsavos, C., et al. (2006). "Exercise capacity and serum serotonin levels in men and women." Psychosomatic Medicine 68(1): 84–88.

Chaouloff, F. (1997). "Effects of acute physical exercise on central serotonergic systems." Medicine and Science in Sports and Exercise 29(1): 58–62.

Anglin, R. E., Samaan, Z., Walter, S. D., & McDonald, S. D. (2013). Vitamin D deficiency and depression in adults: systematic review and meta-analysis. The British Journal of Psychiatry, 202(2), 100–107.

벡 우울 척도

Beck Depression
Inventory, BDI

지난 2주 동안의 당신의 기분과 상태를 생각해 보시고, 이를 가장 잘 설명하는 문장의 번호에 표시해주세요. 총점이 9점 이하면 정상, 10-15점이면 가벼울 우울, 16-25점이면 중등도 우울, 26-63점에 해당하면 심한 우울을 의미합니다. (내용 소재 143페이지)

1	슬픈 기분	**0점**	나는 슬프지 않다.
		1점	나는 슬프다.
		2점	나는 항상 슬퍼서 그것을 떨쳐 버릴 수가 없다.
		3점	나는 너무나 슬프고 불행해서 도저히 견딜 수가 없다.
2	비관적 사고	**0점**	나는 앞날에 대해 별로 낙담하지 않는다.
		1점	나는 앞날에 대해 용기가 나지 않는다.
		2점	나의 앞날에 대해 기대할 것이 아무것도 없다고 느낀다.
		3점	나는 앞날을 아주 절망적이고 나아질 가망이 없다고 느낀다.
3	실패감	**0점**	나는 실패자라고 느끼지 않는다.
		1점	나는 보통 사람들보다 더 많이 실패한 것 같다.
		2점	내가 살아온 과거를 뒤돌아보면 생각나는 것은 실패뿐이다.
		3점	나는 인간으로서 완전히 실패자인 것 같다.
4	만족감 감소	**0점**	나는 전과 같이 일상생활에 만족하고 있다.
		1점	나의 일상생활은 전처럼 즐겁지 않다.
		2점	나는 더 이상 어떤 것에서도 참된 만족을 얻지 못한다.
		3점	나는 모든 것이 다 불만스럽고 지겹다.
5	죄책감	**0점**	나는 특별히 죄책감을 느끼지 않는다.
		1점	나는 죄책감을 느낄 때가 많다.
		2점	나는 거의 언제나 죄책감을 느낀다.
		3점	나는 항상 언제나 죄책감을 느낀다.
6	죄책감	**0점**	나는 벌을 받고 있다고 느끼지 않는다.
		1점	나는 아마 벌을 받을 것 같다.
		2점	나는 벌을 받아야 한다고 느낀다.
		3점	나는 지금 벌을 받고 있다고 느낀다.

7	자기 실망	0점 나는 나 자신에게 실망하지 않는다.
		1점 나는 나 자신에게 실망하고 있다.
		2점 나는 나 자신이 혐오스럽다.
		3점 나는 나 자신을 증오한다.
8	자기 비난	0점 내가 다른 사람보다 못한 것 같지는 않다.
		1점 나는 나의 약점이나 실수에 대해서 나 자신을 탓한다.
		2점 내가 한 일이 잘못되었을 때는 언제나 나를 탓한다.
		3점 일어나는 모든 나쁜 일들은 다 내 탓이다.
9	자살 사고	0점 나는 자살 같은 것은 생각하지 않는다.
		1점 나는 자살할 생각을 하고 있으나, 실제로 하지는 않을 것이다.
		2점 나는 자살하고 싶다.
		3점 나는 기회만 있으면 자살하겠다.
10	울음	0점 나는 평소보다 더 울지는 않는다.
		1점 나는 전보다 더 많이 운다.
		2점 나는 요즈음 항상 운다.
		3점 나는 전에는 울고 싶을 때 울 수 있었지만, 요즈음은 울래야 울 기력조차 없다.
11	짜증	0점 나는 요즈음 평소보다 더 짜증을 내는 편은 아니다.
		1점 나는 전보다 더 쉽게 짜증이 나고 귀찮아진다.
		2점 나는 요즈음 항상 짜증스럽다.
		3점 전에는 짜증스럽던 일에 요즈음은 너무 지쳐서 짜증조차 나지 않는다.
12	다른 사람에 대한 관심	0점 나는 다른 사람들에 대한 관심을 잃지 않고 있다.
		1점 나는 전보다 다른 사람들에 대한 관심이 줄었다.
		2점 나는 다른 사람들에 대한 관심이 거의 없어졌다.
		3점 나는 다른 사람들에 대한 관심이 없어졌다.
13	우유부단성	0점 나는 평소처럼 결정을 잘 내린다.
		1점 나는 결정을 미루는 때가 전보다 더 많다.
		2점 나는 전에 비해 결정을 내리는 데에 더 어려움을 느낀다.
		3점 나는 더 이상 아무 결정도 내릴 수가 없다.

14	신체적인 상	0점 나는 전보다 내 모습이 더 나빠졌다고 느끼지 않는다.
		1점 나는 나이 들어 보이거나 매력 없어 보일까봐 걱정한다.
		2점 나는 내 모습이 매력 없게 변해 버렸다고 느낀다.
		3점 나는 내가 추하게 보인다고 믿는다.
15	시작하기 어려움	0점 나는 전처럼 일을 할 수 있다.
		1점 어떤 일을 시작하려면 특별히 더 많은 노력이 든다.
		2점 무슨 일이든 하려면 나 자신을 매우 심하게 채찍질해야만 한다.
		3점 나는 전혀 아무 일도 할 수가 없다.
16	수면 장애	0점 나는 평소처럼 잠을 잘 수가 있다.
		1점 나는 전처럼 잠을 자지 못한다.
		2점 나는 전보다 한 두 시간 일찍 깨고 다시 잠들기 어렵다.
		3점 나는 평소보다 몇 시간이나 일찍 깨고 다시 잠들 수 없다.
17	피곤함	0점 나는 평소보다 더 피곤하지는 않다.
		1점 나는 전보다 더 쉽게 피곤해진다.
		2점 나는 무엇을 해도 언제나 피곤해진다.
		3점 나는 너무나 피곤해서 아무 일도 할 수 없다.
18	식욕 저하	0점 내 식욕은 평소와 다름없다.
		1점 나는 요즈음 전보다 식욕이 좋지 않다.
		2점 나는 요즈음 식욕이 많이 떨어졌다.
		3점 요즈음에는 전혀 식욕이 없다.
19	체중 감소	0점 요즈음 체중이 별로 줄지 않았다.
		1점 전보다 몸무게가 2kg가량 줄었다.
		2점 전보다 몸무게가 5kg가량 줄었다.
		3점 전보다 몸무게가 7kg가량 줄었다.
19-1	나는 현재 음식 조절로 체중을 줄이고 있는 중이다.	예 / 아니오

20	건강 염려	**0점** 나는 건강에 대해 전보다 더 염려하고 있지는 않다.
		1점 나는 여러가지 통증. 소화불량. 변비 등과 같은 신체적인 문제로 걱정하고 있다.
		2점 나는 건강이 매우 염려되어 다른 일은 생각하기 힘들다.
		3점 나는 건강이 너무 염려되어 다른 일은 아무것도 생각할 수 없다.
21	성욕 감퇴	**0점** 나는 요즈음 성(sex)에 대한 관심에 별다른 변화가 있는 것 같지는 않다.
		1점 나는 전보다 성(sex)에 대한 관심이 줄었다.
		2점 나는 전보다 성(sex)에 대한 관심이 상당히 줄었다.
		3점 나는 성(sex)에 대한 관심을 완전히 잃었다.

엄마는 괜찮을 줄 알았어
나를 잃지 않고 우울증을 앓는
가족과 함께 살아가기 위한 안내서

1판 1쇄 발행 2024년 1월 24일

저 자 | 지민아
발행인 | 김길수
발행처 | 영진닷컴
주 소 | (우)08507 서울특별시 금천구 가산디지털1로 128
　　　　STX-V타워 4층 401호
등 록 | 2007. 4. 27. 제16-4189호

ⓒ 2024. (주)영진닷컴
ISBN | 978-89-314-6755-0